工匠精神培育背景下
高校思政课程创新研究

常　楠　著

辽宁人民出版社

© 常楠 2024

图书在版编目（CIP）数据

工匠精神培育背景下高校思政课程创新研究 / 常楠
著 . 一沈阳 : 辽宁人民出版社 , 2024.9
ISBN 978-7-205-11134-2

Ⅰ . ①工… Ⅱ . ①常… Ⅲ . ①高等学校 — 思想政治教
育 — 教学研究 — 中国 Ⅳ . ①G641

中国国家版本馆 CIP 数据核字（2024）第 085141 号

出版发行：辽宁人民出版社
　　　　　地址：沈阳市和平区十一纬路 25 号　邮编：110003
　　　　　http://www.lnpph.com.cn
印　　刷：沈阳海世达印务有限公司
幅面尺寸：170mm×240mm
印　　张：12.75
字　　数：220 千字
出版时间：2024 年 9 月第 1 版
印刷时间：2024 年 9 月第 1 次印刷
责任编辑：张天恒　王晓筱
装帧设计：沈阳市众翔广告有限公司
责任校对：吴艳杰
书　　号：ISBN 978-7-205-11134-2

定　　价：68.00 元

前　言

劳动者素质对一个国家、一个民族发展至关重要。当今世界，综合国力的竞争归根到底是人才的竞争、劳动者素质的竞争。不论是传统制造业还是新兴产业，工业经济还是数字经济，工匠始终是产业发展的重要力量，工匠精神始终是创新创业的重要精神源泉。

党的十八大以来，"工匠精神"逐渐成为风靡中国的词汇和概念，它不仅被纳入政府公共政策话语体系，与中国产业升级换挡、国家自信和国际竞争力提升，甚至与中华民族复兴伟业等宏大目标关联紧密。2016年，"工匠精神"被写入政府工作报告，此后党的十九大报告、"十四五"规划等不断提及，全国各行各业积极响应国家号召，弘扬工匠精神。中国特色社会主义进入新时代，新的时代有新的使命和新的发展理念与要求，中国由追求数量与速度向追求质量与公平转变。工匠精神作为中国特色的职业精神，将是促使转变的重要推进器。习近平总书记强调："实现我们的发展目标，不仅要在物质上强大起来，而且要在精神上强大起来。"立足新发展阶段、贯彻新发展理念、构建新发展格局、推动高质量发展，实现中国制造向中国创造转变、中国速度向中国质量转变、中国产品向中国品牌转变，离不开技能人才，离不开工匠精神。

高校思想政治教育伴随中国特色社会主义进入新时代而迈入新

征程，新时代高校思想政治教育应"因事而化、因时而进、因势而新"，切实肩负起新时代赋予的新使命。工匠精神是高校思想政治教育改革创新的内核支撑。我们既需要顶尖的科学家、工程师攻克"卡脖子"问题，也需要大量能有效解决"从图纸到产品"这一科技成果转化"最后一公里"问题的实用人才。研究工匠精神，探索弘扬与实践工匠精神的思政课创新路径，尤其是探索其与高校思政课之间的关系与融合渠道，既是高职院校的时代责任，又是新时代改革高校思政教育，提升高职思政教育效果，服务国家育人大业的需要。

高校对工匠精神培育工作开始重视的起步阶段较晚，想要有效开展培育工作并得出良好效果，是一项需要花费大量时间和精力的艰巨任务，因此导致没有充分发掘工匠精神的内涵和积极影响，高校思政课培育目标没有进一步明确，在此基础上对工匠精神培育的意义理解性不够，从而导致高校没有对其加大重视力度，对接下来的培育工作带来一定阻碍。随着时代的发展和变迁，高校工匠精神培育工作也要满足社会发展的各种需求，在原有基础上不断创新培育方法。从目前形势上来说，我国现阶段高校大学生工匠精神的培育工作缺乏创新性，不能将理论知识与实践经验进行很好的结合，学生在课堂上始终处于被动接受知识的状态，在一定程度上缺乏对工匠精神内涵的深刻理解和学习，最终导致降低了学生对工匠精神学习的积极性和自主性，在此基础上，由于大学阶段学生还没有深刻领悟社会主义核心价值观的切实意义，同时也没有建立较强的社会责任感，如果高校没有做好工匠精神的相关培育工作，则不利于大学生的全面健康发展。因此，本书希望稍稍弥补此类理论不足，为工匠精神背景下高校思政课程创新培育提供理论参考。

本书主要包括八个章节，绪论部分是"工匠及工匠精神"，对工匠、工匠精神的内涵，以及新时代工匠精神的价值意蕴进行系统梳理；第一章是"高校思想政治教育概况"，从高校思想政治教育的基本内涵与特征、新时代高校思政课程的功能定位、新时代高校思政课程的重要意义和高校思政课程建设实施路径四个方面进行系统阐述；第二章是"工匠精神培育背景下高校思政课程融合情况"，从工匠精神融入高校思政课程的价值维度、可行性、必要性和现状方面进行系统分析；第三章是"工匠精神培育背景下高校思政课程创新的原则及重要遵循"，阐述了高校思想政治理论课创新的"六个原则"和"八个统一"；第四章是"工匠精神培育背景下高校思政课程创新的顶层设计"，指出高校思政课创新的改革方案；第五章是"工匠精神培育背景下高校思政课程创新的理论教学模式"，提出具体路径，以期解决高校思政课程课堂理论教学创新的具体问题；第六章是"工匠精神培育背景下高校思政课程创新的实践路径"，从实践教学、社会实践、校企合作三个方面阐述高校思政课程创新的方式方法；最后一章是"工匠精神背景下高校思政课创新的考核评价"，提出目前存在的问题，并给出相应的优化建议。

本书在编写过程中广泛参阅了同行的相关研究成果，在行文中未能一一列明，在此一并表示诚挚的感谢。但鉴于著者水平有限，故恳请各位读者和专家不吝赐教，以使本书更加完善。

著者

2023年7月

C目 录
ONTENTS

绪论　工匠及工匠精神

　　党的十八大以来，习近平总书记关于弘扬劳模精神和工匠精神的一系列重要论述，为我们进一步深化对工匠精神的认识提供了根本遵循。深刻认识工匠及工匠精神的重要理论与实践意义，对于大力弘扬工匠精神，建设一支重知识、善技能、创新型的产业大军，具有重大意义。

　　分析工匠精神，必须厘清工匠精神的本质属性，将工匠精神从感性认知上升到理性抽象，把握工匠精神各要素之间的联系，从而为将工匠精神融入高校思想政治教育做好基础理论支撑。

第一节　工匠

　　从"万般皆下品，唯有读书高"，到"民以食为天"，士农工商四大阶层的划分在中国古代延续千年之久。以士人为尊，商人地位最低，我们从朝堂研究到政治，又从政治追逐到农业民生，就算是最底层的商人也因为经济发展，尽管一直以来地位被多番打压，但其关注度长盛不衰。相反，比上不足比下有余的工匠阶层，更多时候被人们忽略。但其实，除了农业外，日常生活中接触最多的也与这个阶层有关。

　　先秦后母戊鼎精良的青铜制作，秦始皇陵的千军万马与地下陵寝，金缕玉衣的设计……小至酒樽，大至魂归后的棺椁器皿，无一不与"工"字有关。而放眼芸芸工匠之中，为我们所熟知的，诸如木匠的祖师爷鲁班，《洛神赋图》作者、画家顾恺之，赵州桥设计者、石匠李春，还有铸剑鼻祖欧冶子。

与士人、农民、商人不同，古代工匠阶层不管是官方约束还是约定俗成，他们都有着自己行业或说阶层的规矩，也正因如此，代代相承的工匠衍生出影响至今的工匠精神。

一、何谓"工匠"

（一）"工匠"的由来

工匠的出现几乎与人类的历史一样久远。习近平总书记说："人类是劳动创造的，社会是劳动创造的。"劳动创造人类，恩格斯指出，"真正的劳动……是从制造工具开始的"。制造工具最初是将自然之物通过人类的加工使其成为能够打猎或捕鱼的工具，将自然的石块、动物骨头等加工成工具，就是最初的手工艺，这使得前人迈出了人猿相揖别的关键一步。因而手工艺劳动在起源意义上就是创造人类的劳动。手工艺劳动在起源意义上与人类的出现内在关联，同时其持续地创造着人类的生活。手工艺劳动不仅创造物质财富，而且创造美的享受。手工艺劳动从创造人类生活不可或缺的工具发展到满足人类对美的需求，从磨制石器到制作玉器，大大丰富了人类的生活。如陶工所制作的陶器，从简单粗陋到不断精致化，使得陶器不仅具有实用价值，同时也具有美的欣赏价值。

"工"，本义见《说文解字》："工，巧饰也，象人有规矩也"，意即工匠的曲尺；"匠"，本意为筐里装着刀斧工具的木工。"工匠"原指木工，后用来代指所有手艺人。在阶级和国家概念诞生前，工农等并未分离，"工"并未独立存在，到原始社会末期，工匠劳动渐渐与农业劳动分离，"工"从农业中分离出来，最初是氏族工匠，为整个氏族服务，与氏族成员地位平等。到了夏商之后，他们被称为"百工"，"国有六职，百工与居一焉"。中国古代第一部科技著作《周礼·考工记》中已经出现"王公、大夫、百工、农夫、妇功、商旅"的六大分类，"百工"是其中之一，主要管理和从事手工业生产。联系春秋战国时期的社会结构，"百工"中应该有工匠管理者，还有自由民和奴隶，等级身份有差异，但是他们有一点应该是共同的，都是"工"，可以是工官也可以是工匠。在古汉语中，"工"兼有名词、动词等多重词义。作为名词，它指具有专业技能的劳动者及其从事的技术性工作；作为动词，它指人某方面的技术专长。正如《考工记》中所说的"百工"能"审曲面势，以饬五材，以辨民器"①。"百工"要具备一定的社会阅历和专业技术能力，能充分了解自然材料的形状、性能，能够利用各种各样的自然材料生产或制作出各种各样便于使用的器物。

在中国传统文化语境中，工匠是对所有手工艺（技艺）人，如木匠、铁匠、铜匠等的称呼。荀子说："人积耨耕而为农夫，积斫削而为工匠。"长期从事农业生产的人为农夫，长期使用斧头等工具的人为工匠。自古以来，任何一个从事工艺劳动的工匠，都是以其毕生精力献身于这一工艺领域的。换言之，工匠就是从小学徒而终身从事某种匠工的人，如铁匠、铜匠、建筑泥瓦匠等。早在春秋战国时期，除农业之外的各种手工艺工匠已经形成规模，称为"百工"。这些工匠能够"审曲面势，以饬五材，以辨民器"。随着工业化时代的到来，现代工艺已经从手工艺发展到机械技术工艺和智能技术工艺。技艺水平的发展也标志着人类文明的进步。中国自古以来就是一个工艺制造大国，无数行业工匠的创造，是灿烂的中华文明的标识。在我国的工艺文化历史上，产生过鲁班、李春、李冰、沈括这样的世界级工匠大师，还有遍及各种工艺领域里像庖丁那样手艺出神入化的普通工匠。

进入现代工业社会，伴随手工艺向机械技艺以及智能技艺转换，传统手工工匠似乎远离了人们的生活，但工匠并不是消失了，而是以新的面貌出现了，即现代工业领域里的新型工匠，机械技术工匠和智能技术工匠。我国要成为世界范围内的制造强国，面临着从制造大国向智造大国的升级转换，对技能的要求直接影响到工业水准和制造水准的提升，因而更需要将中国传统文化中所深蕴的工匠文化在新时代条件下发扬光大。

（二）中国传统工匠制度下工匠地位的演变

上古时期，对于工匠的工种仅指单一木匠，但随着户籍制度的出现，

---

① 闻人军.考工记译注[M].上海：上海古籍出版社，1993：222.

"工"与"匠"逐渐融为一体，成了我们口中常说的"工匠"。

原始社会末期，人类史上第一次社会大分工出现，这也是中国历史上的一次分工，这次分工将手工业从农业中单独脱离出来。在《周礼·考工记》中最早记载当时社会的分工情况，它将职业分为六种：王公、士大夫、百工、商旅、农夫与妇功。由此可见，先秦时期，国家对于手工业已是认可，这也奠定了匠籍制度的基础。在中华文明的发展过程中，始祖黄帝、炎帝就被塑造成伟大的工匠。《考工记》认为"百工之事"都是有智慧的人创造的成果，通过有工巧的人加以传承，工匠世代遵循，都是圣人之作。《尚书·胤征》有云："每岁孟春，遒人以木铎徇于路。官师相规，工执艺事以谏。"诗经的《魏风·伐檀》反衬出不劳而获掠夺的蛮横，呈现出质朴而悠远的原始平等观。

但因为社会地位的划分与固化，工匠的地位尽管得到认可，但一直处于较末状态。他们会接受官府的严格管理，为官府长期提供所需要的各种器械。随着社会的发展，人们的观念开始有所转变。工匠，作为力工与匠人的手工艺结合体，到了南宋时期，社会地位逐渐得到肯定。南宋文人陈耆卿曾这样评价："工勤于技巧，则可以易衣食。"又言士农工商四者，若得其一，则可以赡养父母，俯以育妻子，直至终身。

工匠真正进入户籍制度，应该从元朝算起。但从元史中并没有太多记载关于工匠制度的具体内容，仅仅只是了解到元代在官办手工业中实行工匠和匠户制度，而其余的踪影则要从明朝史料中探寻踪迹。

明朝政府沿用元代的工匠制度，并在此基础上更加细化，如工匠分为轮班工匠、住坐工匠和军匠。又规定凡是住京城中的工匠必须服役，使用"住坐匠"制度，每月须有10天到官府上班。而京城之外的工匠，则使用"轮班匠"制度，一般四年一轮，到京城中服役。但实际上，轮班工匠总人数占绝大部分，长此以往也就造成怠工、避班甚至逃亡现象。为了解决这一问题，成化二十一年（1485），明朝工部提出，不愿轮班者可出银代役，南匠每月九钱，而北匠则每月六钱。

直到明朝嘉靖年间，工匠制度再一次作出调整。嘉靖四十一年（1562），政府责令工匠不允许私自赴部投当，一律以银代役，要求工匠每人每年纳银四钱五分，即"匠班银"，缴纳后依旧保存匠籍。此举不仅缓解了工匠服役阻碍社会需求问题归还大部分工匠人身自由，还增加了政府财政收入。该政策之后，工匠制度定型，直到清末废除，持续4个半世纪的工匠制度全剧终。

在中国传统社会结构和政治文化制度下，形成了一套中国特色的古代工匠的伦理和文化，这是中国工匠精神的古典性来源。

（三）工匠的概念

纵观工匠的起源和发展历程，传统的工匠是指具有工艺特长的手艺人，当代的工匠泛指能创造优质产品的劳动者，这既包括传统工匠中的器物创造者，也包括文化产品、互联网产品等非物质的创造者。工匠应具备两个最基本的要求，即技能与素养。

一是对精湛技艺的不懈追求。工匠的首要职责即为造物，而造物的基础就是技艺，没有过硬的本领、熟练的技艺、扎实的专业知识则难以实现物质产品和文化作品上的超越，也就难以称之为"工匠"。当工匠的技艺达到十分成熟的阶段，工匠必然会对自身的能力和创造的产品有着绝对的自尊和自信，这就是所谓的"艺高人胆大"。与此同时，其所创造的产品也会成为工匠本人技艺的映照，成为工匠本人的外化物，这也是古代工匠能千古扬名的原因之一。对产品细节的精益求精、对产品质量的极致追求、对产品标准的严苛要求正是工匠的信条，这需要精湛的技术为其提供支撑。技艺的练成永无终点，工匠们却能为之潜心钻研、不懈努力、永不妥协，甚至毕其一生，这就是工匠们对技艺追求的难能可贵之处。

二是高尚的道德精神素养。如何不断提高个人的劳动技艺是工匠们毕生的追求。工匠的练成绝非一日之功、一劳永逸，因此，心无旁骛、专心专注、坚守如一、循物求美、精益求精、与时俱进、革故鼎新、追求极致、道技合一等成为工匠练就精湛技艺必备的要素，也随之内化为工匠们自身的素质之一，成为工匠外化的标签。

第二节 工匠精神

一、各国工匠精神的特点与成因

（一）德国工匠精神

德国工匠精神的核心内涵是精益求精。他们掌握行业内最顶尖的技术，打造质量最高的产品是他们矢志不渝的信条。德国的工匠精神是制造业崛起的法宝，它信奉标准主义、专注主义和实用主义，"专注、精致、谨慎"是德国工匠精神最令人印象深刻的特点。"德国的工匠精神扎根于德国人的哲学思维方式、文化基因、宗教伦理、美学理论的发展等方面，其最初起源于宗教精神，即基督教的新教伦理，如今德国工匠精神是长期历史进程中文化、制度、经济、社会、教育等因素共同作用的结果。"[①]德国制造对每一个零件、每一道工序都精心打磨、专心雕琢，他们用心制造产品的态度就是工匠精神的思维和理念。在工匠们的眼里，只有对质量的精益求精、对制造的一丝不苟、对完美的孜孜追求，除此之外，没有其他。正是凭着这种凝神专一的工匠精神，德国制造得以誉满天下、畅销世界、成为经典。

（二）日本工匠精神

日本工匠精神萌芽于传统手工业的发展，随着5世纪到7世纪中国器物与相应的技术、宗教、思想、制度的传入，启蒙于奈良时代。随着内匠寮于728年设立，工匠中逐渐发展出严格的技术等级制度；并在9—10世纪发展出了"官司合同制"；12世纪民间出现的手工副业成为工匠文化形成的契机。"平安时期贵族群体对工匠职能神秘力量的记载与描述，从侧面证明了早期的日本工匠群体拥有较高的社会地位"[②]，而这是源于

---

① 潘建红，杨利利.德国工匠精神的历史形成与传承[J].自然辩证法通讯，2018，40（12）：101-107.

② 许晓光.近代早期日本对等级制度和特权观念的否定[J].学海，2009（01）：175-182.

他们作为中国传统物质与精神文明的传承人这一身份。

日本工匠精神初步形成于中世，此时他们被称作"供御人"或"神人""寄人"，其身份与平民明确区分开来，其数量与特权也有了明文规定。在"神佛习合"的社会背景下，工匠群体对职业神圣性的认同提升，这在由日本皇家、贵族编纂的"职人尽绘"中多有表现。在儒学普及、社会阶层身份与职业分工逐渐固化、细分化的江户时代，日本工匠精神确立，形成了"内仲间"组织、"年季奉公"学徒制与基本的家职观念。

"工匠"在日语中被称之为Takumi，从词义上来看被赋予了更多精神层面的含义。用一生的时间钻研、做好一件事在日本并不鲜见，有些行业还出现一个家庭十几代人只做一件事。日本匠人对待职业、对待自己的工作有着深厚的情感，很多人一生始终如一地钻研、守业，始终致力于产品质量的提升，由此产生的爱业情怀使其对职业充满虔诚的神圣感、责任感、使命感以及荣誉感。以丰田公司为例，在20世纪70年代，每年收到的员工改良建议超过70万件，员工参与率高达65%，平均每人每月超过两件。

（三）美国工匠精神

美国工匠精神的核心是创新，优秀的工匠就是别出心裁、不拘一格、自由创造的人。工匠精神不仅促成了美国今天的成就，也丰富和发展了美国文化。创新、实用主义和标准化是美国工匠精神的三个重要内涵。美国多元的移民文化、自由主义的价值观等均促进了其特有的工匠精神的形成，自由开放的环境让美国人可以疯狂地追求自己的创造，思想上大胆创新，行动上求真务实，求实、求准、求效的工匠精神渐渐地融入具体的职业活动中。"美国工匠精神的基础是职业教育体系的单轨制"[①]。综合中学的建立是美国单轨制教育形成的标志，它兼具升学和就业双重职能，能够同时提升学生的理论和技术水平，这种校企合作是美国工匠精神的重要培育路径。

---

① 胡志坚，张明喜.《美国创新史》主要观点及其启示[J].科技中国，2019（06）：16–18.

（四）意大利工匠精神

当人们谈论"意大利制造"时，永远都离不开质量、设计和创新这3个关键词。质量上乘、设计新颖、不断创新，正是工匠精神的生动体现。意大利的工匠精神集中体现在制衣、制鞋、设计、手工艺等行业。从设计到制造，意大利服装制造商坚持"从一而精"。在设计阶段，工匠精神体现在对不同文化与客户的理解与尊重上；在制造阶段，工匠精神体现在对工艺与技术的传承与创新上。意大利的工匠精神深深受到文艺复兴的影响，并在政府的政策中得到延续并放大。在第一次工业革命中发展较为落后的意大利政府规定，凡属资本和劳动所得及独立劳动所得均给予减税或免税，这对于工艺性手工业的发展起到了很大的促进作用，使小规模的手工作坊得以保留，从而形成了传统手工艺与当今时装之间的连续性。

（五）瑞士工匠精神

瑞士的工匠精神首先是坚定执着。瑞士国土狭小、资源贫乏，却是世界"创新之国""工匠之国"。从钟表业到精密机械，高品质常常需要依托于枯燥的制造流程。"瑞士制造"之所以被视为高品质的代名词，之所以能够为瑞士产品带来不可思议的巨大附加值，正是得益于整个瑞士民族"对技能的崇拜"。独特的"学徒制"职业教育，以企业需求为导向，没有升学压力，整个社会尊重职业教育的氛围浓厚，这为"瑞士制造"提供坚实基础。在瑞士，年轻人初中毕业后，75%的人会根据兴趣选择职业学校，成为"学徒"。"学徒制"这种学习方法在瑞士传承了100余年，也造就了高水准的"瑞士制造"——钟表、军刀、精密机床等。

关于工匠精神的内涵，不同国家有着不同的理解和诠释。德国、日本、美国、意大利和瑞士的工匠精神形成过程与其本国的国情、历史、制度、文化等因素息息相关。工匠精神非一日之功、一人之力而成，之所以传承至今，在于国家、政府、企业、学校等社会各层主体之间的通力合作，为培育工匠精神提供价值理念、管理体制、教育体系等保障，最终形成了一套完善的工匠文化体系。

二、中国传统工匠精神的形成与发展

在五千年的中华文明史中，我国手工业造就了大批能工巧匠，留下了许多传世经典，推动了我国历史发展的进程。技艺精湛的鲁班、衣被天下的黄道婆、铸剑鼻祖欧冶子、微雕大师王叔远等等，作为中国的传统手工业者，他们远离浮躁、焦急的心态，心无旁骛，气定神闲，在斗室之中揣摩作品；他们精雕细琢、精益求精，不断对作品进行创新、对技术进行更新；他们耐得住寂寞、守得住节操、经得住诱惑，既敢于探索，也敢于失败，在炉火纯青中呈现出最美的精品，并赋予他们历史传承价值。此外，故宫博物院一座座气势恢宏的建筑，《清明上河图》一笔笔栩栩如生地描绘，中华老字号一个个百年经典的品牌，既是中华文化之集大成，也是对传统手工业繁荣发展的真实记载。

我国工匠精神具有悠久的历史，从原始社会到现代社会，从孕育产生到发展传承，经历了一个漫长的演变过程。这一方面展现了不同时期我国工匠精神的不同特点和要求，另一方面在一定意义上也创造了举世瞩目的古代技术文明。

三、新中国成立以来我国工匠精神的形成与发展

数千年来，我国历史上产生了无数的能工巧匠，创造了辉煌灿烂的物质文明，也为后人留下了丰厚的文化遗产。中国共产党在百年奋斗历程中，不断培育并逐渐形成了体现民族精神和时代精神的工匠精神。

（一）中国共产党对传统工匠文化的革命改造

中国共产党是无产阶级的政党，是马克思主义同中国工人运动相结合的产物。马克思主义的形成是从马克思对人的科学认识开始的，而马克思终其一生都在关注人，关心人类的解放和人类的命运。中国共产党成立后，以马克思主义人民观为指导，在党章中明确规定要为无产阶级

谋利益，要通过革命的途径消灭剥削、消灭阶级。无产工匠、早期产业工人都是中国共产党的依靠力量，要为他们谋取利益，自然离不开对剥削文化的彻底革命。通过持续的革命斗争、文化改造，劳动光荣、劳动为革命事业服务、劳动为工人自己服务、劳动为社会主义建设服务的理念逐渐形成。

在新民主主义革命时期，党发挥先锋队作用，发动和带领工人阶级开展革命运动，工人阶级在精神上从被动转为主动。从土地革命到解放战争，党带领人民开辟了革命根据地，革命根据地的手工业、工业生产成为工匠精神的实践源头。革命根据地往往地处偏远，几乎没有现代工业生产条件，加上敌人严密封锁，军民的生产生活条件极端困苦。"党在根据地开展大生产运动和劳动竞赛等促进生产的活动"①，随着军需工业和民用工业的建立与发展，涌现出了一大批卓越工人，"边区工人一面旗帜"赵占魁、"兵工事业开拓者"吴运铎、"新劳动运动旗手"甄荣典等劳动模范，以"新的劳动态度对待新的劳动"，积极参加义务劳动，全力支援前线斗争，带动群众投身中国共产党领导的人民解放事业，他们的生产成果为新民主主义革命的胜利奠定了重要物质基础。

在社会主义革命和建设时期，党领导工人阶级全力开展工业化建设。我国工人阶级在政治和经济上实现了翻身，一跃成为国家的主人，成为建设国家的中流砥柱。这一时期，我国工业基础薄弱，党中央为我国的工业化规划了蓝图，为工人阶级确立了奋斗方向。涌现了一批批能工巧匠，如多次受到毛泽东同志接见的鞍钢工人孟泰为恢复生产，带领广大工人建成了著名的"孟泰仓库"，成为新中国企业修旧利废的起点；"宁可少活二十年，拼命也要拿下大油田"的顽强意志和冲天干劲，被誉为油田铁人的王进喜；为核事业隐姓埋名28年，半辈子默默无闻，一生无怨无悔，在物资匮乏、技术落后的情况下，和同事们顶着压力造出中国第一颗原子弹的邓稼先；等等。他们敬业乐业、无私奉献、自力更生，助力我国在新中国成立后至改革开放的短短30年中，把落后的小生产、

① 陕西省社会科学院.陕甘宁边区政府文件选编[M].北京：档案出版社，1988：390.

小工业发展成了大生产、大工业，建立了门类比较齐全的工业体系。这一时期，我国工人阶级参与建设和制造的诸多大工程和国之重器，赶上了世界先进水平，彰显了工人阶级的力量和现代化生产条件下的工匠精神。

在改革开放和社会主义现代化建设新时期，我国现代化建设飞速发展。我国工人阶级的整体劳动素质不断提高，具备了现代化的生产管理意识，能够学习、掌握现代科学技术。社会主义市场经济体制的确立，进一步激活了工人的活力，壮大了工人队伍，推动着生产力不断发展。几十年来，我国建立了世界最完整的现代工业体系，科技创新和重大工程捷报频传，基础设施建设成就十分显著，工人队伍是实现我国快速发展奇迹的中坚力量，使我国用几十年时间走完了发达国家几百年走过的工业化历程。涌现了包括"蓝领专家"孔祥瑞、"金牌工人"窦铁成、"新时期铁人"王启民、"新时代雷锋"徐虎、"知识工人"邓建军、"中国航空发动机之父"吴大观等大批优秀工匠。他们干一行、爱一行，专一行、精一行，带动群众锐意进取、积极投身改革开放和社会主义现代化建设，为国家和人民建立了杰出功勋。

中国特色社会主义进入新时代，我国工人队伍在实现中国梦伟大进程中拼搏奋斗、争创一流、勇攀高峰，"铁路小巨人"巨晓林、"桥吊状元"竺士杰、"深海钳工第一人"管延安、"九天揽星人"孙泽洲等一大批先进模范人物，爱岗敬业、锐意创新、勇于担当、无私奉献，在平凡的岗位上创造了不平凡的业绩，用干劲、闯劲、钻劲鼓舞更多的人，激励广大劳动群众争做新时代的奋斗者。为决胜全面建成小康社会、决战脱贫攻坚发挥了主力军作用，用智慧和汗水营造了劳动光荣、知识崇高、人才宝贵、创造伟大的社会风尚，工匠精神更是日臻成熟。

（二）新时代工匠精神的发展

追溯世界工业发展历程，正是工匠精神促进了美国、德国、日本等制造业强国的崛起，为这些国家强盛奠定了坚实的精神基础。在市场经济日趋完善，世界经济迈向高质量发展，经济竞争压力不断加大的今天，以传统生产要素驱动的经济发展方式已不适合我国经济的发展，供给侧结构性改革已成为我国经济发展的新动力。中国经济高质量发展需要大量专业技术人才。在加速制造强国建设征程上，在国家重大战略、重大工程、重大项目、重点产业攻坚一线，离不开高素质技能人才。

我国经济已从高速增长阶段迈向高质量发展阶段，人们的生活水平不断提高，越来越讲究生活品质。这对我国经济社会发展提出了更高要求，除了经济发展方面需要重视产品品质，医疗、教育、文化等社会服务领域同样需要精益求精，这样才可能提供更加丰富更能满足群众期待的高品质产品和服务。因此，必须大力弘扬工匠精神，矢志创新，戒除浮躁，为"中国制造"提供坚强支撑。

党的十八大以来，习近平总书记曾先后多次提及工匠精神，特别是在党的十九大报告中，明确提出了弘扬工匠精神的要求，强调营造劳动光荣的社会风尚和营造精益求精的敬业风气。当前，我国已进入新发展阶段，建设高素质劳动大军，建设科技强国，推动经济社会高质量发展，必须大力传承和弘扬工匠精神。2021年9月，党中央批准了中央宣传部梳理的第一批纳入中国共产党人精神谱系的伟大精神，工匠精神被纳入。时代发展，需要大国工匠；迈向新征程，需要大力弘扬工匠精神。

工匠精神正是在此背景下再次进入人们的视野，得到人们的广泛关注，工匠精神成为新时代的迫切需求。

党的二十大报告提出，加快建设国家战略人才力量，努力培养造就更多大师、战略科学家、一流科技领军人才和创新团队、青年科技人才、卓越工程师、大国工匠、高技能人才。加强人才国际交流，用好用活各类人才。深化人才发展体制机制改革，真心爱才、悉心育才、倾心引才、精心用才，求贤若渴、不拘一格，把各方面优秀人才集聚到党和人民事业中来。这是一个呼唤劳动创造、鼓励拼搏进取的时代，也是一个有机会干事创业更能干成事业的时代。

新时代为每个人提供了无比广阔的人生舞台。如今拧螺丝可以"拧"成全国劳模，操控机床也能登上国家科技领奖台，甚至可以身披国旗问鼎世界技工最高奖项。在这个伟大的时代，只要有梦想、肯奋斗，人人都有出彩的机会，都能为社会创造价值。立足新发展阶段、贯彻新发展理念、构建新发展格局、推动高质量发展，离不开技能人才，离不开工匠精神。

四、工匠精神的内涵阐释

工匠精神是以爱国主义为核心的民族精神和以改革创新为核心的时代精神的生动体现，是鼓舞全党全国各族人民风雨无阻、勇敢前进的强大精神动力。

工匠精神之所以能历经岁月被人们传承和发扬，主要是通过两种途径得以积累和延续：一是工匠所创造的精美器物等物质产品；二是工匠在生产劳动、生活中所呈现的高尚人格、道德等精神素养。因此，工匠精神的内涵必须包括对工匠技艺的不懈追求和高尚情操的精神积淀。2020年11月24日，习近平总书记在全国劳动模范和先进工作者表彰大会上指出，在长期实践中，我们培育形成了"执着专注、精益求精、一丝不苟、追求卓越的工匠精神"。

（一）执着专注的职业理念

执着专注，是心无旁骛，是矢志不渝的热爱。择一事终一生。坚定的理想信念是工匠精神的核心。热爱，是劳动的动力源泉；热爱，才能把一件事做到极致。几千年来，我国古代工匠制造了无数精美的工艺美术品，如历代精美陶瓷以及玉器。这些精美的工艺品是古代工匠智慧的结晶，同时也是中国工匠对细节完美追求的体现。现代机械工业尤其是智能工业对细节和精度有着十分严格的要求，细节和精度决定成败。对细节与精确度的把握，是长期工艺实践和训练的结果，通过训练培养成为习惯气质、成为品格，就能从心所欲不逾矩。"艺者痴，技必良。"在大国工匠眼中，"绝活"没有捷径，只有千锤百炼。工匠娴熟的造物技艺靠的是日复一日的训练，需要超乎寻常甚至近乎偏执的追求，对从事的工作有着绝对的专注和执着，并为此不厌其烦、不惜代价，达到忘我的境界，力求尽善尽美。纵观古今中外的工匠大师，毕其一生专注于做好一件事情的人不在少数，有的甚至几代人、几十年钻研一件事情，在潜心钻研、不断磨炼的过程中，锻炼的不仅是工匠的技艺，更是心性、人格、心理素质等职业品质的磨炼。

（二）精益求精的精品意识

精益求精，是高标准严要求，是好了还要更好。干一行钻一行。术业有专攻，精益求精是对品质的追求，对一流的追求。这种对极致的追求，也许是我们看得到的精雕细琢、巧夺天工，也可能是我们看不到的精密精准、胜在毫厘，于毫厘之间体现"如切如磋，如琢如磨"的精准。认真，就能做得更好；高标准，方能成为本领域的专家；深入钻研，才能不断提高技术技能水平。

对产品质量苛刻的要求，对细节的精雕细琢，视产品质量如生命，给人以完美的呈现，无论是中国古代所倡导的"惟精惟一""尚巧求精，道技合一"，还是我国当代倡导的"个性化定制，柔性化生产""提质增效，追求卓越""追求零缺陷"等，无不渗透着精益求精的精品意识追求。一个人之所以能够成为工匠，就在于他对自己产品品质的追求，只有进行时，没有完成时，永远在路上；他不惜花费大量的时间和精力，反复改进产品，努力把产品的品质从99%，提升到99.9%、再提升到99.99%。对于工匠来说，产品的品质只有更好，没有最好。追求极致、精益求精，是获得各类工匠荣誉称号的工人的共同特点，这也是他们能身怀绝技、在国际、全国或省的各种技能大赛中夺金戴银的重要原因。

（三）一丝不苟的严谨态度

一丝不苟，是严谨认真，是追求细节完美。失之毫厘，谬以千里。偏毫厘不敢安，做好一件事，必须从细节入手，从小事开始，在每个细节上做足功夫。古人云，天下难事必作于易，天下大事必作于细。优秀的工匠能从细处见大，在细节的追求上没有终点。坚持细致工作，从细节入手，成就精品。重细节、追求完美是工匠精神的关键要素。"功夫"一词，不仅指的是武功，而且也是指各种工匠所应具有的习惯性能力。

功夫是长期苦练得来的。不下一定的苦功，不可能出细活。工匠从细处见大，在细节上没有终点。2015年，中央电视台播出《大国工匠》纪录片，讲述了24位大国工匠的动人故事。这些大国工匠令人感动的地方之一，就是他们一丝不苟的态度。例如，在中国商飞上飞公司高级技师、数控车间钳工一组原组长胡双钱心中，"每个零件都关系着乘客的生命安全"。在国产大飞机C919研发和试飞阶段，他担任首席钳工，从事C919上最为精细的重要零部件加工工作，做到了让人叹为观止的"零差错"。大飞机作为"国家名片"，是中国制造强国的重要体现。胡双钱等一大批"大国工匠"，用一丝不苟铸就了中国制造的金牌品质。无数动人的故事告诉人们，我国作为制造大国，弘扬工匠精神、培育大国工匠是提升我国制造品质与水平的重要环节。

（四）追求卓越的创新素养

追求卓越，是不断进取，是敢于开拓创新。千万锤成一器。在工作中追求完美、追求卓越，要以创新求突破。广大劳动者要有强烈的创新意识，不断培育创新能力，超越自我、勇攀行业顶峰，这是工匠精神的必然追求。习近平总书记指出："创新是一个民族进步的灵魂，是一个国家兴旺发达的不竭动力。"创新精神一直都是工匠们必须具备的核心素养之一。因为只有在继承基础上的创新，才能跟上时代前进的步伐，推动产品的升级换代，以满足社会发展和人民日益增长的对美好生活的需要。有无"追求卓越的创新精神"，是判断一个工人能否称之为新时代工匠的一个重要标准。当前，我国正处在从工业大国向工业强国迈进的关键时期，培育和弘扬严谨认真、精益求精、追求完美的工匠精神，对于建设制造强国具有重要意义。实现高质量发展，离不开勇于创新、追求卓越的干劲，离不开顽强拼搏、锐意进取的时代精神。

五、工匠精神的外延

（一）劳动光荣的精神风貌

工匠精神首先是一种劳动精神。人民创造历史从根本上看是劳动创造历史。人类在改造自然的伟大斗争中，不断认识自然的客观规律，通过在劳动实践中不断积累实践经验与技能，从而推动历史进步和创造更为丰富的社会财富。中国梦的实现，人民群众美好生活需要的满足，都需要广大劳动人民的劳动创造。正如习近平总书记所说："用辛勤劳动创造中国人民的美好生活、创造中华民族的美好未来。"人民在创造历史的同时，也在创造自我。通过劳动实现自我价值或人生价值是工匠精神的本质内涵。劳动是人类赖以生存的根本，同时也为个人提供了实现人生价值的舞台和空间。习近平总书记指出："劳动是财富的源泉，也是幸福的源泉。人世间的美好梦想，只有通过诚实劳动才能实现；发展中的各种难题，只有通过诚实劳动才能破解；生命里的一切辉煌，只有通过诚实劳动才能铸就。"一个人只有通过诚实劳动，才可为社会创造物质财富与精神财富，才可得到他人和社会的认可与褒奖。与此同时，实现自我人生价值目标而产生的幸福感和愉悦感，会进一步激发劳动者的创造激情，从而为社会和他人创造更为丰富的财富。习近平总书记指出："一切劳动者，只要肯学肯干肯钻研，练就一身真本领，掌握一手好技术，就能立足岗位成长成才，就都能在劳动中发现广阔的天地，在劳动中体现价值、展现风采、感受快乐。"工匠精神首先就是热爱劳动、专注劳动、以劳动为荣的精神。在劳动中体验和升华人生意义与价值，是工匠精神的题中应有之义。

（二）协作共进的团队精神

如果说"爱岗敬业的职业精神""精益求精的品质精神"是传统的工匠精神中具有的内涵，那么，"协作共进的团队精神"则主要体现于新时代的工匠精神之中。因为和传统工匠不同，新时代工匠尤其是产业工人的生产方式已不再是手工作坊，而是大机器生产，他所承担的工作，只是众多工序中的一小部分。比如 "手撕钢"的厚度从0.02毫米，进一步轧制到0.015毫米，创造了新的世界纪录，傲人的成绩的背后，是整个研发团队数年如一日的不断尝试，历经700多次试验、攻克452个工艺难题、175个设备难题。团队中每个成员都以自我所在团队为荣，每个人都想为实现团队的目标而努力。因此，"协作共进的团队精神"是现代工匠精神的要义。所谓"协作"，就是团队成员的分工合作；所谓"共进"，就是团队成员的共同努力、共同进步。

第三节　新时代工匠精神的价值意蕴

一、工匠精神的时代价值

社会主义是干出来的，新时代是奋斗出来的。在新时代大力弘扬工匠精神，对于凝心聚力建设社会主义现代化强国、实现中华民族伟大复兴，具有十分重要的意义。

新时代弘扬工匠精神，助力培养高素质的技能人才队伍。劳动者素质对于一个国家、一个民族的发展至关重要。高素质的产业、技术工人队伍是支撑中国制造、中国创造的基础，对推动经济、社会高质量发展具有重要作用。在全社会弘扬工匠精神，有助于增强我国工人阶级的主人翁意识，激励更多工人尤其是青年一代走技能成才、技能报国之路，培养出更多高技能人才、大国工匠、能工巧匠，建设成一支知识型、技能型、创新型的劳动者大军，为全面建设社会主义现代化国家提供有力的人才保障。

新时代弘扬工匠精神，助力实现制造强国战略目标。制造业是立国之本、强国之基，发展高端制造业是国家的重大战略需求。面向未来，中国坚定不移继续深入实施制造强国战略。大力弘扬工匠精神，有助于巩固我国制造业中的"长板"、补足"短板"，完善我国制造业体系。有助于深入推进质量提升行动，促进以精工细作提升中国品质、以制造实力打造中国品牌，实现中国速度向中国质量转变、中国产品向中国品牌转变、中国制造向中国创造转变，并最终达成制造强国的目标。

新时代弘扬工匠精神，助力实施创新驱动发展战略。科技兴则民族兴，科技强则国家强。党的十八大以来，我国把科技创新摆在国家发展全局的核心位置，深入实施创新驱动发展战略，抢抓世界新科技革命和产业变革的机遇。大力弘扬工匠精神，有助于极大调动科技工作者的创新创造精神，集合人民群众的智慧和创造力，着力攻克核心关键技术，解决我国基础和关键领域的"卡脖子"难题。有助于坚定中国特色自主创新道路，推动我国掌握全球科技竞争先机，促进我国整体科技水平从跟跑向并行、领跑的战略性转变，并最终建成科技强国。

新时代弘扬工匠精神，助力广泛凝聚起全社会奋斗力量。实现第二个百年奋斗目标和中华民族伟大复兴的中国梦，必须依靠全体人民不懈奋斗。在全社会大力弘扬工匠精神，让劳动最光荣、劳动最崇高、劳动最伟大、劳动最美丽蔚然成风，形成尊重劳动、崇尚劳动的时代风尚和精益求精的敬业风气，汇聚起向上向善的强大奋斗力量。有助于促进全体劳动者勤于创造、勇于奋斗，更好发挥主力军作用，满怀信心投身全面建设社会主义现代化国家、实现中华民族伟大复兴中国梦的伟大事业。

二、新时代工匠精神是社会主义先进文化的重要组成部分

新时代工匠精神一个很重要的特征就是"新"，正是这个"新"使它区别于传统的旧文化。那么这种新源于何处？其根本在于它是中国特色社会主义制度下的一种先进文化，它以中华优秀传统文化为源头，以中国革命文化为革新方向，以马克思主义为指导，与社会主义先进生产力相匹配，能够体现时代精神。

中华传统优秀工匠文化是新时代工匠精神的重要源头。代代工匠对自身技艺孜孜不倦的追求和默默奉献，对自身手艺怀有绝对的自尊和自信，对作品的虔诚，对自然的敬畏，对人情的体奖以严苛的技艺要求，精益求精、锱铢必较的工艺精神对新时代工匠精神具有重要的支撑作用。同时也是新时代工匠的"本土性"魅力根源。

中国革命文化是新时代工匠精神革命性的重要保障。中国革命文化是指中国共产党领导人民在长期的革命、建设和改革中形成的革命理论、革命经验和革命精神所凝结成的文化传统，是中华民族砥砺前行的思想武器和精神动力。新时代工匠文化是一种推陈出新、继往开来的文化。它内在蕴含了中国革命文化守正创新的品格。客观来说，没有革命文化的重要保障，传统工匠文化的扬弃性继承、创造性转化、创新性发展等

就难以实现。

马克思主义是确保新时代工匠精神先进性的关键，离开马克思主义的指导，新时代工匠精神在回应诸如"为何要敬业""为谁而工作""有何意义"等问题时，很容易陷于表浅，难以摆脱现实的局限。马克思主义是科学的思想体系，是人类思想史上最重要的成果。马克思主义的指导决定着新时代工匠精神的社会主义内涵和价值追求。为人民服务成为精益求精工作的宗旨与目标，这样的格局与胸襟已远非以往剥削阶级价值观所能比拟。新时代匠人永怀为民的灼灼匠心，践行全心全意为人民服务的宗旨，无论在什么岗位上做什么工作，都以一丝不苟、细致入微的态度，把每一件事、每一次工作做细致做扎实做好。

新时代工匠精神作为社会主义先进文化的重要组成部分，工匠精神内含精益求精的作风、爱岗敬业的态度、持续专注的品质、守正创新的信念，其与社会主义核心价值观公民个人层面的"爱国、敬业、诚信、友善"高度契合。"爱国、敬业、诚信、友善"不是口号，而是助力中国制造走向中国智造、中国质造转变的内在力量。

三、新时代培育工匠精神的发展诉求

综合国力的竞争归根到底是人才的竞争、劳动者素质的竞争。工匠精神是一种职业精神，是职业道德、职业能力、职业品质的体现，是从业者的一种职业价值取向和行为表现。工匠精神的深刻内涵体现为执着专注、精益求精、一丝不苟、追求卓越。党的十八大以来，习近平总书记豪迈地向世界宣布中国人对于未来的宏伟构想，而这里也包含了对于成熟社会主义制度的展望。2035年、2050年是中国历史发展过程中重要的时间节点。到2035年，中国要基本实现现代化，到2050年中国能够建成富强、民主、文明、和谐、美丽的社会主义现代化强国。中国当今致力于乡村振兴、致力于科技创新，加强供给侧结构性改革，加强精神文明建设等，均是为了解决当下中国存在的物质不够丰富、生态保护欠有力、精神文化建设有待加强等问题。主要的目的就是为了实现建成社会主义强国，并在将来建设共产主义社会的人类梦想。未来中国劳动者的精神面貌和价值追求，则是这些蓝图和展望变成现实的重要保障。

未来工匠精神的培育和发展将表现为以下几个方面：

第一，劳动的社会性更加凸显。如果说原初状态下的劳动，更多为个人的生存而被迫劳动，那么在未来社会，工匠劳动的社会性将是根本目的。自我的满足已经成为低层次的需要，集体劳作、贡献财富，真正实现人人为我、我为人人，将是社会主义、共产主义社会的真实图景。在这幅图景下，工匠的精神世界是非常丰富、活跃与开阔的，他们不再被局限在狭小的空间里进行没有思想的劳作，他们成为社会关系中那个自由的自己，也成为智能化社会中的主导力量。

第二，建立工匠人才的培养机制和相关激励保障制度。"工欲善其事，必先利其器。"随着社会发展、科技进步，技能人才在各个岗位上的作用越来越重要，许多技术成果最终需要技能人才去实现。特别是步入信息时代，大力发展信息技术、人工智能，更需要大量高技能人才做支撑。从"制造大国"向"制造强国"迈进，"工匠精神"是重要因素，而重振工匠精神就必须多措并举加强技能人才队伍建设。党的二十大报告提出："统筹职业教育、高等教育、继续教育协同创新，推进职普融通、产教融合、科教融汇，优化职业教育类型定位。"能工巧匠的培养是一个系统、长期的工程，政府要协调好职业院校与行业企业之间的关系，促进校企合作持续、深入发展，促使校企合作各方，依据行业企业的发展趋势和市场需求，制定相关制度，形成长效机制。培育技能人才既要激发其内在动力，又要构建有效激励机制。在实践中，一方面要健全技能人才终身教育体系，面向城乡全体技术工人，大规模开展高质量的职业技能培训，通过奖励、补贴等合理方式，引导政府职能部门和企业对技能人才接受再教育、技能资格升级的支持力度等。另一方面，还需要建立健全培养、考核、使用、待遇相统一的激励机制，营造重视、关心、尊重高技能人才的社会氛围，形成劳动光荣、技能宝贵、创造伟大的时代风尚，让更多的卓越工匠脱颖而出。

第三，把工匠实践升华到理论、文化的高度。工匠精神在好的高校环境中酝酿和产生，在实践中升华和固化，通过中国高等教育的发展，目的在于满足学生的就业需求。顺利就业需要学生对专业技能的掌握和熟练运用，围绕工匠精神的内涵，使工匠精神在高等教育理论得以深入渗透，使学生真真切切感受到工匠精神的内在实质，从而能够在工匠精神的熏陶下更好地进行学习和工作。"在中高等教育中加强工匠精神的培育"，通过文化教育、社会宣传、法律保障等方式，让工匠精神渗透到中华民族发展的每一个过程，渗透到学生的思想、血液、细胞里面去，代代传承；让工匠精神在中华大地上，不再是稀缺少见的，而是随处可见、习以为常的，普及到每一位中华民族儿女日常的学习、生活、工作中去。增强学生的灵活性，扩展思维，从而指导实践，使理论与实践相结合，培养具有良好职业道德和工匠精神的艺术人才。

工匠精神是制造强国的灵魂，是生产高品质、高质量产品的保障，这体现了产业行业的职业操守，更体现了一个民族的素质与尊严，是一个国家不断发展和进步的源泉。精益求精、持之以恒、不断创新的工匠精神，蕴含着严谨、专注、敬业、耐心、创新、踏实、拼搏等可贵品质。如今提倡工匠精神，回归工匠精神，不是复古、倒退，不是因循守旧、不思进取。恰恰相反，提倡和重振工匠精神是新时代发展之需要，体现了实事求是和与时俱进。工匠精神随着人类社会的发展而传承，其诞生于创新之中、发展于创新之中，也必将辉煌于创新之中。

2020年11月24日，习近平总书记在全国劳动模范和先进工作者表彰大会上的讲话中指出："要完善和落实技术工人培养、使用、评价、考核机制，提高技能人才待遇水平，畅通技能人才职业发展通道，完善技能人才激励政策，激励更多劳动者特别是青年人走技能成才、技能报国之路，培养更多高技能人才和大国工匠。"工匠精神是推动经济社会发展、促进生产力发展不可或缺的力量，也体现着教育民生思想，蕴涵着教民、惠民、富民的美好愿望，体现着对人民生计生活的关注。高校教育在我国一线人才的培育方面十分重要，加强新时代工匠精神的培育应该成为高校教育的重要一环。为此，我们可以利用媒体宣传、学校教育、企业培训、社区活动等平台，做好如下几个方面的工作：家国情怀教育，将个人追求、个体责任和国家利益紧密联系起来；敬诚奉业教育，学习古人视质量为身家性命与自我名节的精神，用谨慎之心对待工作；劳动光荣教育，批判不劳而获，宣传职业平等、尊重劳动成果，让"劳动崇高"闪现出时代光芒；创新创造教育，让精益求精、不断突破成为职业习惯；只有掌握一定的匠艺，再配以匠心，才有可能成为"大国工匠"。匠心的培养，需要高校在学生走进校门时，就开始深播广种工匠精神的种子，让学生历经大学阶段的濡染，在灵魂深处生发工匠精神的幼苗，在日后步入社会的沃土时茁壮生长。把培养工匠精神作为高校思政工作的抓手，以"大思政"格局来培育学生的工匠意识，通过创新教学模式点燃学生争做工匠的热情，就会让思政工作落地生根。

第一章　高校思想政治教育概况

2016 年全国高校思想政治工作会议在北京召开，习近平总书记出席会议并发表重要讲话。他强调，高校思想政治工作关系高校培养什么样的人、如何培养人以及为谁培养人这个根本问题。要坚持把立德树人作为中心环节，把思想政治工作贯穿教育教学全过程，实现全程育人、全方位育人，努力开创我国高等教育事业发展新局面。党的二十大报告指出，培养什么人、怎样培养人、为谁培养人是教育的根本问题。育人的根本在于立德。全面贯彻党的教育方针，落实立德树人根本任务，培养德智体美劳全面发展的社会主义建设者和接班人。这是以习近平同志为核心的党中央对新时代教育事业的总体战略部署。高校是人才培养的主阵地，要全面贯彻党的教育方针，落实立德树人根本任务，坚持德智体美劳全面发展，以全员、全程、全方位的育人，全面落实立德树人的根本任务，办好人民满意教育，着力培养担当民族复兴大任的时代新人。

百年大计，教育为本；教育强则国强，教育弱则国弱。教育是立国之本、民族兴旺之基，尤其是高等教育已经日益成为衡量一个国家发展水平和发展潜力的重要标准，这就要求在任何时候都要把办好人民群众满意的教育放在推进工作的重要位置。

第一节　高校思想政治教育的基本内涵与特征

一、高校思想政治教育的基本内涵

高校思想政治教育工作对培养政治坚定、理想远大、乐于奉献的高素质人才具有十分重要的意义。面对我国社会主义建设的新形势和新要求，要首先把握高校思想政治教育的基本内涵，才能推动高校思想政治教育不断发展，以完成培养现代化建设所需要的优秀人才的根本任务。

（一）思想政治教育

思想政治教育活动自阶级社会出现以来就一直存在，它是人类社会实践和阶级斗争的一项重要内容。各种类型的思想政治教育，其差别只是政治方向、内容和方法上的不同。从思想政治教育这一概念的演变过程看，政治工作、思想工作、思想政治工作、思想政治教育、政治思想工作这几个概念有着内在的紧密联系，在实际工作中，很多时候是被人们当作同一概念使用的。

把握思想政治教育的内涵就要根据"思想""政治""教育"3个核心词来分析。《现代汉语词典》中对思想的定义为："客观存在反映在人的意识中经过思维活动而产生的结果。"思想是思维活动的结果，属于理性认识，一般也称"观念"。人们的社会存在，决定人们的思想。关于政治的论述是思想政治教育的定义中比较一致的方面。教育区别于工作，思想政治教育是思想政治工作的一个组成部分和主要内容。

思想政治教育的概念可以理解为：一定的阶级、政党和社会团体为了实现自身的政治利益和教育目标，根据受教育者思想品德形成发展的特点和规律，在充分发挥受教育者主体性的基础上，采取疏导、管理和激励等方式，将社会要求的政治观点、思想观念、道德规范等内化为受教育者的个体意识的一种具有超越性的社会实践活动。

随着社会的不断发展，思想政治教育的内涵会相应地注入新的元素。以下从人的主体性角度和马克思主义人学的视角分析，加深对思想政治教育内涵的认识。

思想政治教育应突出人的主体性。思想政治教育的具体对象是人（教育中的主客体），人对教育内容的理解和接受程度直接决定教育的效果。"传统的思想政治教育对教育者和受教育者职能的分工比较明确，教育者的职能是向受教育者灌输思想观念，道德规范等"①，塑造和提升受教育者的思想品德和道德修养。而作为客体的教育对象的任务是接受知识，不断充实和完善自己。这种模式使主客体的关系处于一种被动的状态，限制了两者的发展和创新。而人的主体性主要强调人的能动性、创造性和主导性。在思想政治教育过程中，教育者同时作为教育对象，应该不断调整和创新自身具有的知识体系，自觉地使教育内容注入新的"生命"。受教育者同时作为教育者，应该充分发挥自身的主动性和积极性，及时促进双方的沟通和互动，拓展思想接受模式，自觉地实现思想品德的自主建构。因此，改变思想政治教育内容和方式的枯燥化和机械化需要摄入新的"生机和活力"——人的主体性。

思想政治教育要重视人的价值的实现和体现人文关怀的维度。首先，人的价值包括个人价值和社会价值。通过思想政治教育，既可以提升个人的内在素养和品行，树立马克思主义价值观，不断满足自身的需求。同时，人们形成积极投身社会实践，为社会主义建设出谋划策、献言献计的精神动力。然而，人的价值的实现体现在对社会贡献的大小，其实现前提是思想政治教育对人的思想境界的提升程度以及人们改造客观世界的意识。因此，人的价值的实现与思想政治教育正相关，既会提高人的满足感，也会增强思想政治教育的实效性和影响力。其次，思想政治教育应促进教育对象的全面发展。突出以人为本的思想，以人的需求为导向，强调对人的价值的关怀，重视对人的精神领域的开发，在对人的素质塑造中建设人自身。将思想政治教育的人性指向作为发展的重点，使思想政治教育研究的出发点转向了现实的个人，淡化了意识形态的政治目的性，强化了思想政治教育贴近群众、贴近生活以及注重人的精神需求的软工具作用。

---

① 高德毅，宗爱东."中国系列"思政课选修课程：提升思政课教学质量的有效选择[J].中国高等教育，2017（11）：9-10.

（二）高校思想政治教育

思想政治教育是一种教育实践活动。教育是社会按照一定的需要培养合格的社会成员的实践活动。"思想政治教育有广义和狭义之分，狭义的思想政治教育专指学校教育。"①高校思想政治教育是指高等院校按一定的社会要求，有目的、有计划、有组织地培养学生的思想品德、政治素养和心理素质，使他们形成符合一定社会要求的思想品德的社会实践活动。

高等学校的根本任务是培养德智体美劳全面发展的社会主义事业的建设者和接班人。大学生的思想道德素质、科学文化素质和健康素质直接关系到党和国家的前途命运，关系到中国特色社会主义事业的兴衰成败，关系到中华民族伟大复兴目标的实现。为此，必须重视高校思想政治教育，把坚持坚定正确的政治方向放在教学工作首位。

从内涵概括来讲，现如今的高校思想政治教育已经完成了由意识形态为主的内涵向以科学性为主的内涵的转变。高校思想政治教育要让大学生从整体上学习和认识思想政治教育的基本理论、基本过程，掌握从事思想政治教育实践的基本规律和基本方法，初步运用马克思主义立场、观点和方法，研究和分析现实社会问题、思想认识问题和社会发展问题，注重基本理论和基础知识的学习与掌握。对大学生的培养，还要注重专门知识和专业理论的学习，同时还应注重前沿知识和前沿理论的学习和研究。

课程思政教育是思想政治理论课教学的重要补充与深化。课程思政教育主要涉及思政类通识选修课程和专业课程中思政元素和思想政治教育功能的呈现。社会主义大学需要经常用三个问题提醒自己开展反省：培养什么人？怎样培养人？为谁培养人？各类专业课程的施教者也需要常常自问这些问题。大学里的各类课程都承担传授知识、理论、方法、经验等职能，同时也都蕴含思想政治价值，体现着鲜明的价值意蕴，承载着一定的精神塑造和价值教育功能。

课程思政教育元素，不是从抽象的理论概念中逻辑地推论出来的，而是应从社会实际中寻找，从各学科的知识与社会实践结合度中去寻找，

---

① 高德毅，宗爱东.从思政课程到"课程思政"：从战略高度构建高校思想政治教育课程体系[J].中国高等教育，2017（01）：43-46.

不是从理论逻辑出发来解释实践，而是从社会实践出发来解释理论的形成，依据实际来修正理论逻辑。坚持理论与实际相结合，因事而化、因时而进、因势而新。

（三）高校课程思政教育的主要任务

1. 以锻造过硬金课为指向

"思政课作用不可替代"，习近平总书记在座谈会上指出，要"推动思想政治理论课改革创新"，这进一步回答了深化思政课改革创新是怎样培养人的重点。高校思政课改革要围绕"不断增强思政课的思想性、理论性和亲和力、针对性"，力争做到"八个相统一"。根据这一要求，结合高校思政课实际，可从以下几方面下功夫，着力打造高质量的高校思想政治理论课：其一，突出思想性，以文化人。要坚持用习近平新时代中国特色社会主义思想铸魂育人，注重体现思想的文化属性，所属各门课程内容要充分吸收借鉴并彰显中华优秀传统文化，中国共产党在革命、建设、改革过程中形成的革命文化和社会主义文化，用中国特色社会主义文化培育人。其二，凸显理论性，以理服人。要着眼于讲清楚各个理论观点的理论逻辑，充分讲清楚共产党执政规律、社会主义建设规律、人类社会发展规律，以透彻学理分析、理论观点说服学生。其三，增强亲和力，以情感人。坚持教师主导性和学生主体性，创新教学方式，注重培养学生实践能力，把思政小课堂和社会大课堂结合起来；创新课堂教学，转变教学话语，把有理的话动情地说，把大道理融入小故事，把大格局融入小情怀，让学生真学真信。其四，具有针对性，以心育人。要关爱学生，坚持以学生需求为出发点，针对学生思想困惑，结合社会热点，引导学生正确发现、分析、解决问题，循循善诱，润物无声。

2. 以理想信念教育为核心

深入进行树立正确的世界观、人生观和价值观教育，"主要解决正确认识党举什么旗帜、国家走什么道路和自身社会责任问题"[1]，不断夯实

---

① 杨祥，王强，高建. 课程思政是方法不是"加法"——金课、一流课程及课程教材的认识和实践[J]. 中国高等教育，2020（08）：4-5.

大学生的思想政治素质基础。

理想信念是思想政治素质的灵魂。理想信念，是一个政党治国理政的旗帜，是一个民族奋力前行的向导，也是大学生奋发向上的动力。大学阶段是提高大学生思想政治素质的重要时期，思想政治素质的基石是理想信念，理想信念是思想政治素质的灵魂。对大学生进行理想信念教育，关系到党和国家的长治久安，关系到中华民族的前途命运。只有教育引导大学生确立坚定的理想信念，才能教育引导大学生树立正确的世界观、人生观和价值观，才能形成良好的思想政治素质。

坚定理想信念要以科学理论武装为支柱。要坚持不懈地用马克思列宁主义、毛泽东思想、邓小平理论、"三个代表"重要思想、科学发展观、习近平新时代中国特色社会主义思想武装大学生头脑，使马克思主义中国化的最新理论成果真正进教材、进课堂、进头脑，认真解答大学生关心的重大理论和实际问题，为大学生坚定理想信念提供正确理论指导和强大精神支柱。要深入开展党的基本理论、基本路线、基本纲领、基本经验教育，开展中国革命、建设、改革史教育，开展基本国情和形势政策教育，开展科学发展观教育，特别要在国家走什么道路、党举什么旗帜这个根本问题上加强教育，使大学生深刻认识到走中国特色社会主义道路是中国发展、民族振兴的唯一选择，从而确立在中国共产党领导下走中国特色社会主义道路、为实现中华民族伟大复兴而奋斗的共同理想和坚定信念。

理想信念教育要立足于引导大学生自觉把自己的人生追求同祖国的前途命运联系起来。教育引导大学生，要珍惜年华、刻苦学习，努力用人类创造的一切优秀文明成果武装自己，掌握为祖国、为人民服务的真才实学；要深入群众、投身实践，切身感受时代脉搏，虚心向人民学习，克服自己的弱点和不足，更快更好地成长和成熟起来；要磨炼意志、砥砺品格，树立用诚实劳动创造美好生活的思想和精神，从小事做起，从一点一滴做起，时刻准备着担当历史重任，在为实现中华民族伟大复兴的奋斗中谱写壮美的青春之歌。

3.以爱国主义教育为重点

深入进行弘扬和培育民族精神教育，主要解决确立国家和民族意识的问题，在大学生中形成民族精神和时代精神相结合的精神状态。

牢固树立爱国主义思想，是大学生能够坚定不移、百折不挠地为祖国、为人民贡献智慧和力量的重要思想基础。高校是弘扬和培育民族精神教育的重要阵地，所有教师都应深入发掘蕴含在各类课程中的民族精神和时代精神教育资源，把弘扬和培育民族精神、时代精神贯注到知识传授之中，渗透到校园文化之中。要在大学生中大力弘扬以爱国主义为核心的团结统一、爱好和平、勤劳勇敢、自强不息的伟大民族精神，倡导一切有利于民族团结、祖国统一、人心凝聚、社会和谐的思想和精神，倡导一切有利于国家富强、人民幸福的思想和精神，引导大学生增强民族自尊心、自信心、自豪感，做到以热爱祖国、贡献全部力量建设社会主义祖国为最大光荣，以损害社会主义祖国利益、尊严和荣誉为最大耻辱。

激励大学生弘扬以改革创新为核心的时代精神。以改革创新为核心的时代精神是中华民族在世纪之交崛起之动力。当代民族精神就是时代精神。要深入开展中华民族优良传统和中国革命传统教育，使大学生了解中国共产党在领导中国人民建立和建设新中国的奋斗中表现出来的革命气概，懂得中国共产党是民族精神的继承者和创造者。要把民族精神教育和以改革开放为核心的时代精神教育结合起来，引导大学生在中国特色社会主义事业的伟大实践中，既大力弘扬民族优秀传统，又大力弘扬井冈山精神、长征精神、延安精神、大庆精神、"两弹一星"精神、雷锋精神、抗洪精神等革命传统和时代精神，努力使中华民族优良传统、中国革命传统和改革开放的时代精神深入人心。

4.以基本道德规范为基础

深入进行公民道德教育，主要解决如何做人的问题，在知行合一的过程中形成良好的道德品质和文明行为。

基本道德规范是引导大学生做"四有"新人的重要准则和导向。形成良好的道德情操和道德修养，自觉遵守道德规范、进行道德自律，是一名合格人才和公民必须具备的基本素质。大学生时期是人生形成自觉道德意识的重要阶段，在这个时期形成的思想道德观念对他们一生影响很大。加强和改进大学生思想政治教育就应该把帮助和促进大学生形成良好的道德情操和道德修养摆在重要位置，就应该教育引导大学生明确

"做什么人"和"怎样做人"的基本道理。

要以为人民服务为核心，以集体主义为原则，以诚实守信为重点，对大学生深入进行道德教育。为人民服务是社会主义道德建设的核心，集体主义是社会主义道德建设的原则，诚实守信是大学生立身之本。认真贯彻《公民道德建设实施纲要》，广泛开展社会公德、职业道德和家庭美德教育，积极开展道德实践活动，把道德实践活动融入大学生学习生活之中，引导大学生自觉遵守爱国守法、明礼诚信、团结友善、勤俭自强、敬业奉献的基本道德规范，正确处理个人与社会、个人利益与集体利益、竞争与协作、经济效益与社会效益等关系，养成良好的道德品质和文明行为。特别要对大学生有针对性地进行诚信教育。诚信是公民思想道德素质最核心的外在表现，是大学生踏入社会的身份证。不诚信的种子所结出的恶果将危及社会并殃及自身。要教育大学生树立守信为荣、失信可耻、以诚待人、以德立身的道德观念，讲诚信、讲道德、言必信、行必果。道德教育要坚持知行统一，引导大学生从身边的事情做起，从具体的事情做起，通过多种方式，把道德教育搞得丰富多彩、生动活泼、扎实有效。

5.以大学生全面发展为目标

深入进行基本素质教育，主要解决提高综合素质的问题，使大学生做到德才并进、和谐成长。

促进大学生全面发展，对促进人的全面发展、提高全民族素质，具有重大意义。大学生的全面发展，不仅仅是知识的丰富和技能的提高，而是思想道德素质、科学文化素质和健康素质的全面发展。必须坚持以人为本，以大学生全面发展为目标，教育引导大学生既要学会做事，又要学会做人；既要打开视野、丰富知识，又要增长创新精神和创新能力；既要发展记忆力、注意力、观察力、思维力等智力因素，又要发展动机、兴趣、情感、意志和性格等人格因素；既要增添学识才干，又要增进身心健康。要加强社会主义民主法制教育，加强人文素质和科学精神教育，加强集体主义和团结合作精神教育，促进大学生思想道德素质、科学文化素质和健康素质协调发展，引导大学生在增长科学文化知识的过程中提升思想政治素养，知行合一，德才并进，和谐成长。

二、新时代高校思想政治教育的特征

新时代高校思想政治教育，总体上呈现出历史性与时代性相统一、系统性与广泛性相统一、实践性与理论性相统一、现实性与虚拟性相统一的特点，这四个方面共同表征着新时代思想政治工作大格局的时代特征。

（一）辩证把握"古"与"今"，历史性与时代性相统一

思政课程在内容选择上，是时代性与历史性的统一。思政教育的时代性比较容易理解，因为思政教育在主要内容上体现了社会总体发展的历史进程，它不可能脱离社会而独立存在。我国目前思政课程的主要内容，是宣传马克思主义和马克思主义中国化的最新成果，以及党的路线、方针、政策，引导学生确立正确的世界观、人生观、价值观。这是思政课程时代性最鲜明的体现，这一特点要求我们处理好理论和现实的关系，既要提高马克思主义理论水平，更要加强运用这些理论研究解决现实问题，提升开展思政课程教育的能力，做到与时俱进。

所谓历史性，习近平总书记指出，"我国有独特的历史、独特的文化、独特的国情"，新时代思想政治教育既要从中华民族五千多年文明史出发，汲取优秀传统文化之精华，更要赓续和弘扬党百年奋斗所形成的思想政治工作优良传统和宝贵经验。在中国共产党领导中国革命、建设、改革的百年征程中孕育和形成的中国革命文化和社会主义先进文化，构成了我们党思想政治工作的基本内容，培植了我们党思想政治工作思想宝库的优良基因。加强和改进高校思政课程要适应实现中华民族伟大复兴的时代要求，既要实现中华优秀传统文化与时俱进的创造性转化和创新性发展，更要实现与中国化马克思主义、革命文化、红色文化及中国特色社会主义文化的融合共生，铸成新时代思想政治工作丰厚的智慧之源。

当今世界正处于前所未有的大变局时代，各种思想和思潮不断相互激荡，世界社会主义思想蓬勃发展。中国正日益走近世界舞台中央，"要求新时代中国特色社会主义的思想政治工作格局要胸怀世界，要不断深化思政课程的内容，努力在实践中把思政教育的历史性和时代性结合起

来"①，讲好中国故事，增进对习近平新时代中国特色社会主义思想、全人类共同价值观、人类命运共同体的世界认同，"用马克思主义观察时代、把握时代、引领时代"。

（二）辩证把握"点"与"面"，统一性和多样性相统一

思政课的统一性，意味着讲原则、守规矩、有底线。思政课要把握好统一的教学目标、课程设置、教材使用、教学管理，并在实践中长期坚持并落实，从而全面贯彻党中央决策部署，推动思政课内涵式发展。

把握教学目标的统一，保持教学方向和动力。"培养什么人、怎样培养人、为谁培养人"是教育的根本问题，也是思政课应该解决的根本问题。思政课的总体教学目标是用习近平新时代中国特色社会主义思想铸魂育人，引导学生增强"四个自信"，厚植爱国主义情怀，把爱国情、强国志、报国行自觉融入坚持和发展中国特色社会主义事业、建设社会主义现代化强国、实现中华民族伟大复兴的奋斗之中。思政课要按照统一的教学目标，有计划、有序地精心设计和开展教学活动，全面推进马克思主义中国化最新理论成果进课堂，培养社会主义建设者和接班人。

多样性是思政课教学的体现和展开。思政课的多样性，就是具体落实要因地制宜、因时制宜、因材施教，结合实际把统一性要求落实好，鼓励探索不同方法和路径。思政课应在教学设计、教学模式、教学内容、教学方法等方面进行丰富和创新，打造更有深度、更有效度、更有宽度、更有温度的"金课"。

新时代思政课坚持统一性和多样性相统一，应当在统一性的基础上充分发挥多样性，改变思政课"配方"比较陈旧，"工艺"比较粗糙，"包装"不那么时尚的现状，解决亲和力不够、针对性不强的问题，让多样性服务于统一性，改变思政课"耍花枪""博眼球""哗众取宠"等现象，解决思想性不足、理论性不深的问题。思政课要立足中华民族伟大复兴战略全局和世界百年未有之大变局，锚定党中央擘画的宏伟蓝图，坚持统一性和多样性的辩证统一，在守初心的基础上强创新，引领青年、

---

① 何玉海.关于"课程思政"的本质内涵与实现路径的探索[J].思想理论教育导刊，2019（10）：130-134.

凝聚青年、鼓舞青年，培养堪当大任的时代新人，真正发挥好铸魂育人的主渠道、主阵地作用。

（三）辩证把握"刚"与"柔"，理论性与实践性相统一

2019年3月18日，习近平总书记在学校思想政治理论课教师座谈会上指出，"推动思想政治理论课改革创新，要不断增强思政课的思想性、理论性和亲和力、针对性"。

思想政治理论课要想真正实现育人效果，就必须在理论上做到真实、准确、科学，教师唯有将理论讲透、讲得深入人心，才能让学生真正感受到理论的巨大魅力。

以"实践育人"为动力。"全部社会生活在本质上是实践的"，马克思的这一箴言依然是推动思想政治理论课实践教学的重要理论依据。思想政治教育是做"人"的工作，有效的思想政治理论课要从学生困惑的问题讲起。这就需要深入学生的思想实际进行研究，及时关注学生的思想动态、准确引导学生的思想发展。面对学生的问题困惑、理解偏差、错误倾向，教师应及时有效地解答、引领、纠偏，引导其正确看待外界各种社会问题和思潮，帮助其在人生关键的"拔节孕穗期"用马克思主义武装头脑，立鸿鹄志，做奋斗者。

习近平总书记强调，理论学习要做到"学、思、用贯通，知、信、行统一"。新时代的思政教育必须打破囿于书斋的"掉书袋"，改变传统教学中单纯依靠理论灌输的路径依赖，让学生在鲜活的实践中真感受、真思考、真改变，从而实现"知情意信行"的良性转化。高校要充分重视思想政治理论课实践教学的重大意义，建立和完善实践教学保障机制，探索实践育人的长效机制，充分发挥学工部门、团委、辅导员队伍的思想政治教育功能，把思政小课堂同社会大课堂结合起来，把实践教学与社会调研、志愿服务、公益活动、专业实习等结合起来，引导学生走出校门，走向社会，用课堂中学到的马克思主义理论解决现实问题，在感受中国变化、讲好中国故事、奉献青春力量的过程中提高学生的思想政治素养和科学思维能力，增强学生的社会责任感，从而优化思想政治理论课的育人效果。

（四）辩证把握"虚"与"实"，现实性与虚拟性相统一

当代大学生基本上都是不折不扣的"网络公民"。大学生对网络的依赖度、信任度越来越高，网络已经成为大学生每天生活中的重要组成部分。作为思想政治教育工作对象的学生们已然被这样一种"社会大迁移"，迁移到了另外一个小社会中。这种"迁移"，无论是从时间上、空间上，还是从力度上、深度上，都对高校思想政治教育工作者提出非常高的教育要求。

随着5G时代的到来，信息技术已经成为高校思想政治教育的一个重要的辅助手段。"要运用新媒体新技术使工作活起来，推动思想政治工作传统优势同信息技术高度融合，增强时代感和吸引力。"习近平总书记在全国高校思想政治工作会议上的重要讲话，突出强调了新媒体新技术在加强和改进高校思想政治工作中的重要作用。推动思想政治工作传统优势同信息技术高度融合是新时代增强思想政治理论工作有效性、时代感、吸引力的必要手段。在"互联网+"时代，要推动互联网与思想政治工作深度融合，创新理念思路、方法手段，建构思政工作新模式。

网络既是现实的人的延伸，又是现实社会的延伸，具有虚实二重性和相互模塑性。要积极建立现实和网络两个空间的全域性思想政治教育机制，实现在线离线整合。坚持将互联网移入、泛在、嵌套于传统的现实教育空间，创新实践育人、文化育人和榜样育人等"互联网+"和"+互联网"双向路径。加强网络素养教育，发挥师生主体积极性。高校师生不仅是信息的接收者，也是信息的生产和制造者。重点要加强师生网络身份意识、网络责任感和价值观等方面的网络素养教育，充分发挥师生在网络思政中的主体作用，激发参与网络空间文明建设的自觉性、积极性。

目前，高校思想政治教育工作的新媒体平台很多，宣传部门、组织部门、党校、学生处、团委、思想政治教育理论课和哲学社会科学课教学部门、其他职能部门以及各二级单位、一些教师都有自己的新媒体平台，比如校园网、官方微博、公众号、微视频、QQ、微信群、论坛等，这些平台在思想政治教育工作方面发挥着积极的作用。

第二节　新时代高校思政课程的功能定位

习近平总书记指出，思想政治理论课是落实立德树人根本任务的关键课程。党的十八大以来，以习近平同志为核心的党中央把高校思想政治工作摆在突出位置，作出一系列重大决策部署。

2015年，中共中央办公厅、国务院办公厅印发《关于进一步加强和改进新形势下高校宣传思想工作的意见》，指出高校是意识形态工作的前沿阵地，做好高校宣传思想工作，加强高校意识形态阵地建设，是一项战略工程、固本工程、铸魂工程，事关党对高校的领导，事关全面贯彻党的教育方针，事关中国特色社会主义事业后继有人，对于巩固马克思主义在意识形态领域的指导地位，巩固全党全国人民团结奋斗的共同思想基础，具有十分重要而深远的意义。

2016年12月7日，习近平总书记在全国高校思想政治工作会议上强调，要坚持把立德树人作为中心环节，把思想政治工作贯穿教育教学全过程，实现全程育人、全方位育人，努力开创我国高等教育事业发展新局面。2019年3月18日，他在学校思政课教师座谈会上指出，我们办中国特色社会主义教育，就是要理直气壮开好思政课，用新时代中国特色社会主义思想铸魂育人。思政课作用不可替代，思政课教师队伍责任重大。第一次就一门课程专门召开全国座谈会，表明党已经把办好思政课上升到治国理政的战略层面。

2019年8月14日，中共中央办公厅、国务院办公厅印发《关于深化新时代学校思想政治理论课改革创新的若干意见》，突出强调"思政课是落实立德树人根本任务的关键课程，发挥着不可替代的作用"，在教材体系、教师队伍、课程效果、党的领导等方面提出了一系列具体实施意见。

一、落实立德树人根本任务的客观要求

"立德"与"树人"从来不是无联系、无因果的关系，相反是相互依存的整体，"立德"是"树人"的前提基础，"树人"则是"立德"的指

向和最终目标。社会的发展从来都是需要德才兼备的。党的十八大报告中首次明确表明"把立德树人作为教育的根本任务",而且自此之后,党和国家不断深化党对教育本质论的认识,将立德树人教育理念提升到新高度和新层次,多次就立德树人成为教育发展理念提出不同理论论断,更突出强调立德树人在我国教育发展中的重要地位,明确立德树人是学校教育立身之本的价值导向,从而逐步将立德树人理念上升到国家教育发展的战略地位。高校思政课作为落实立德树人根本任务的关键课程,是立德树人实现的最主要渠道和阵地,承担着为国家培养出德才兼备的建设者和接班人的重要使命。因而培养时代新人是思政课的育人目标,全面准确地对高校思政课程功能进行定位是落实立德树人教育理念的客观要求。以新的教育理念为引导,不仅是党和国家对高校教育思想政治教育工作的具体要求和核心目标,也理应成为高校思政课功能精准定位的根本诉求和价值依循。

二、顺应时代发展的阶段性使命

回应时代之需,方能实现目标。不同历史时期,高校思政课功能呈现不同的阶段特征,时代的发展反过来又会对其提出新的要求,需要其自觉适应时代发展的新形势。面对中国特色社会主义进入新时代的历史方位、第二个百年奋斗目标和中华民族复兴的重大历史使命,党和国家对思政课在培养时代新人和担负民族复兴大任中的功能定位提出了更高要求,即应使培养出来的学生"具有执着的信念、优良的品德、丰富的知识、过硬的本领",以适应不断发展变化的社会需求,而立德树人工作的适时贯穿恰好是对这一需求的有力回应,是思政课功能定位的目标要求。同时,高校不仅需要培养学生的个人私德,引导其通过学习科学文化知识提升综合素质,更需要培养超越性道德,即使其坚定党和国家的领导、坚定对共产主义理想的信念、坚定实现中华民族伟大复兴的中国梦。因而高校思政课若想更好地突显时代意蕴、不负历史重托,更好地发挥内在的课程功能特质,不仅要引导学生正确认识国内外发展形势和规律,还要承担起使学生认识到时代赋予他们的责任和使命,从而树立实现中国特色社会主义共同理想的远大抱负和落实脚踏实地的理想信念。概言之，增强大学生的使命责任感并为之提供助力，既是时代发展之诉求，更是高校思政课不断完善自身课程功能的过程。

三、解决现实困境的有效路径

在复杂的社会关系中，一个人只有掌握了一定的知识与能力才能更好地融入社会。恩格斯说："马克思的整个世界观不是教义，而是方法。它提供的不是现成的教条，而是进一步研究的出发点和提供这种研究使用的方法。"马克思主义不仅旨在认识世界，更重要的在于运用科学的方法改造世界，这就决定了作为对学生进行马克思主义理论教育的思政课，不仅具有"授之于鱼"的功能，即引导大学生掌握马克思主义基本理论，更具有"授之以渔"的功能，即引导大学生实现对辩证唯物主义和历史唯物主义基本立场、观点、方法等的笃信、学习和应用，提高理论联系实际的学习能力、实践能力与创新能力，并优化促进综合能力提升的功能，从而使大学生能适应社会发展需要。由于思想不成熟、社会阅历较浅、能力适应度较弱，大学生在遇到困难与问题时容易缺少直面困难的能力与方法，失去时代新人应有的激情与动力。一方面，高校思政课能告诉学生"是什么"，有针对性地向大学生传授知识理论和方法理论，培养其分析问题、解决问题及进行实践的能力；另一方面，高校思政课又会启迪大学生"为什么"，尊重、发现大学生的闪光点，以问题导向为教法基础，引导大学生发展辩证思维，形成科学的思维方式，实现科学认识自我、认识社会，从而提升自我生存、自我发展的能力。

第三节　新时代高校思政课程的重要意义

高校思政教育的建设具有其自身特殊的建设意义。从当前新时代发展的要求来看，高校想要坚持好社会主义大学的发展方向，就必须进一步提升思政课程建设。做到这一点，也是实现立德树人目标的关键。

一、从实现教育根本任务高度认识思政课的基础性

中国共产党自成立以来，始终重视思想政治教育的重要地位和作用。2019 年 3 月 18 日，习近平总书记主持召开学校思想政治理论课教师座谈会并发表重要讲话指出："思政课是落实立德树人根本任务的关键课程，思政课作用不可替代。"新时代以来，办好思政课成为习近平总书记"非常关心的一件事"。因此，我们要从实现教育根本任务的高度深刻认识办好思政课的重要意义，发挥思政课在大中小学课程体系中的基础性与引领性作用。

深刻认识思政课是巩固学校马克思主义意识形态指导地位、坚持社会主义办学方向的重要阵地。习近平总书记指出："学校是意识形态工作的前沿阵地，可不是一个象牙之塔，也不是一个桃花源。办好思政课，就是要开展马克思主义理论教育，用新时代中国特色社会主义思想铸魂育人。"思政课是具有鲜明意识形态属性的课程，政治性是其根本特征，只有把思政课教育的基础打好了，才能保证教育不走样、不走偏，确保落实立德树人根本任务。我们办中国特色社会主义教育，就是要理直气壮开好思政课。因此，办好思政课，要放在世界百年未有之大变局、党和国家事业发展全局中来看待，要从坚持和发展中国特色社会主义、建设社会主义现代化强国、实现中华民族伟大复兴的高度来对待，引导学生看清世界和中国发展大势，科学把握人类社会发展规律，理解中国特色社会主义的历史必然性，增强中国特色社会主义道路自信、理论自信、制度自信和文化自信，牢固树立共产主义远大理想和中国特色社会主义共同理想。

深刻理解思政课在学校课程体系中的政治引领和价值引领作用。习近平总书记强调："思想政治理论课要坚持在改进中加强，提升思想政治教育亲和力和针对性，满足学生成长发展需求和期待，其他各门课都要守好一段渠、种好责任田，使各类课程与思想政治理论课同向同行，形成协同效应。"为学须先立志，树人首在立德。思政课的本质是讲道理，旨在达到沟通心灵、启智润心、激扬斗志的目的。思政课具有重要的引领作用，只有将学生心中的思想旗帜树起来，学生才能真正成长成才。

因此，"要把统筹推进思政课建设作为一项重要工程，推动思政课建设内涵式发展"①。要以透彻的学理分析回应学生、以彻底的思想理论说服学生、用真理的强大力量引导学生，形成以思想政治理论课为主体，各门课程协同发力，全方位育人的格局。

二、从确保党的事业后继有人高度认识思政课的重要性

习近平总书记指出："我们党立志于中华民族千秋伟业，必须培养一代又一代拥护中国共产党领导和我国社会主义制度、立志为中国特色社会主义事业奋斗终身的有用人才。"青年阶段是人生的"拔节孕穗期"，为青年讲好思政课对培养造就堪当民族复兴大任的时代新人、培养造就社会主义建设者和接班人具有重要的现实意义。我们必须从确保党的事业后继有人的高度深刻认识办好思政课的重要意义。办好思政课是全面贯彻党的教育方针，解决好"培养什么人、怎样培养人、为谁培养人"这个根本问题的关键所在。

办好思政课，解决好"培养什么人"的问题。高校思政课的核心任务是对大学生进行世界观、人生观、价值观教育，是培养一代又一代社会主义建设者和接班人的重要保障。习近平总书记强调："培养社会主义建设者和接班人，是我们党的教育方针，是我国各级各类学校的共同使命。"因此，办好思政课是培养社会主义建设者和接班人的关键环节，要坚持以马克思主义为指导，坚持用习近平新时代中国特色社会主义思想铸魂育人，引导青少年在心中筑牢理想信念根基，厚植爱党、爱国、爱社会主义的赤诚情怀，将小我融入大我之中，为中华民族伟大复兴贡献自己的一份力量。

办好思政课，解决好"怎样培养人"的问题。习近平总书记指出："要把立德树人的成效作为检验学校一切工作的根本标准，真正做到以文化人、以德育人，不断提高学生思想水平、政治觉悟、道德品质、文化

---

① 刘兴平.高校"大思政"格局的理论定位与实践建构[J].思想教育研究，2018（04）：104-108.

素养。"因此，思政课要以传播马克思主义科学理论为重要内容，为青少年分析和解决实践中的各种问题提供强有力的思想武器。要通过培育和弘扬社会主义核心价值观，使广大青少年受到感染、受到鼓舞，自觉成为社会主义核心价值观的坚定信仰者、积极传播者、模范践行者。要大力推进思政课教学改革创新，提高思政课教师的育人水平，形成教与学的合力，落实好思政课立德树人的根本任务。

办好思政课，解决好"为谁培养人"的问题。党的二十大报告提出"为党育人、为国育才"。这一重要论述指明了办好思政课，为党和国家事业培养人的教育目标。全面建设社会主义现代化国家，必须弘扬中国精神、凝聚中国力量。思政课是学校开展学生思想政治教育的主渠道，是广大青少年学习理解党的理论、路线、方针、政策的核心课程，具有极强的价值塑造和精神感召力，能够潜移默化地在青少年心中培育起对党和人民的忠诚热爱，教育引导青年人坚定不移听党话、跟党走，成长为德才兼备、德智体美劳全面发展的社会主义建设者和接班人。

三、从持续铸魂育人高度坚持推进思政教育一体化建设

《新时代公民道德建设实施纲要》提出："加强思想品德教育，遵循不同年龄阶段的道德认知规律，结合基础教育、职业教育、高等教育的不同特点，把社会主义核心价值观和道德规范有效传授给学生。"因此新时代办好思政课，要搭建起加强社会主义核心价值观教育的"长链条"，用社会主义核心价值观铸魂育人，完善思想政治工作体系，推进大中小学思想政治教育一体化建设。

用社会主义核心价值观铸魂育人，要针对不同学生不同成长阶段的身心发育和认知水平，有针对性地进行思政教育。习近平总书记指出："在大中小学循序渐进、螺旋上升地开设思想政治理论课非常必要，是培养一代又一代社会主义建设者和接班人的重要保障。"因此，在推进高校思想政治教育建设中，要把社会主义核心价值观融入整个教育体系中，要做到与各类专业课形成紧密联系的内容体系，真正将社会主义核心价值观的心灵之"根"培育好，使社会主义核心价值观成为大学生一代心

中共同的价值取向与人生追求。

用社会主义核心价值观铸魂育人，要构建"大思政课"育人格局。习近平总书记强调："'大思政课'我们要善用之，一定要跟现实结合起来。上思政课不能拿着文件宣读，没有生命、干巴巴的。"课堂教学是思政教育的主渠道，但思政课绝不仅限于课堂上的知识教学。因此，要推进"大思政课"建设，把思政小课堂与社会大课堂紧密结合起来，通过学校、家庭、社会协同形成推动思政课建设的合力，在全社会形成自觉践行社会主义核心价值观的良好风气，构建起培育和弘扬社会主义核心价值观的"全域平台"，引导青年大学生立大志、明大德、成大才、担大任。

第四节　高校思政课程建设实施路径

加强和改进思想政治工作，事关党的前途命运，事关国家长治久安，事关民族凝聚力和向心力。2022年7月，教育部等十部门联合印发《全面推进"大思政课"建设的工作方案》，指出"坚持开门办思政课，强化问题意识、突出实践导向，充分调动全社会力量和资源，建设'大课堂'、搭建'大平台'、建好'大师资'"，为建好"大思政课"擘画了"施工蓝图"，对新时代高校思想政治工作创新发展提出了新的更高要求。

当前，中华民族伟大复兴战略全局和世界百年未有之大变局同步交织、相互激荡，我们面临的形势愈加复杂、任务愈加艰巨、斗争愈加严峻。如何在不断开放的思想政治工作环境中培根铸魂、启智润心，如何在办学治校过程中有力推动"全党全社会共同参与的思想政治工作大格局"构建，需要高校以"大思政"思维构建思想政治工作新格局，以治理体系现代化促进全校园思政育人氛围营造。

一、结合时代，精心完善育人顶层设计

当前国内外社会思潮交融交锋日益频繁，尤其是新媒体传播对思想

政治工作话语空间形成冲击。从工作实践新要求上看，从"做好高校思想政治工作，要因事而化、因时而进、因势而新"到"坚持全员全过程全方位育人"，再到推进理念创新、手段创新、实践创新。

中国教育现代化的核心在于人的现代化，就是教育要培养出现代的中国人，从学校走出去的人要具有现代中国人应该有的理想信念、必备品格和关键能力。要坚持以学生为中心的教育理念。高校应整合育人要素，从学校治理体系到各工作岗位职责，全面建设和完善三全育人制度体系，构建"顶层设计—制度制定—责任细化—实施推进—检查交流—成果积累—反思提升"循环工作机制。真正做到把机制完善起来，把职责明确起来，把标准提升起来，把责任落实下去。

首先，健全一体化工作格局。科学设计，统筹规划，建立党委统一领导、教育行政部门负责统筹、高校马克思主义学院主导、学校和思政课教师具体落实、全社会协同配合的工作格局。其次，要做到师资队伍整体化。亦即注重不同教学主体之间的协同合作，促进横向的良性互动，形成人人学思政、人人讲思政、人人用思政的良好环境。再次，要做到教学手段综合化。要构建纵横交错的思政网格化管理体系，建立跨地区、跨学校、跨学科的"思政课教师共同体""学校联盟协作体"等；要统筹规划并建设好思政育人所必需的软件和硬件设施，充分运用高校的党员活动室、党史学习教育展馆、新时代文明实践中心、校史馆、博物馆等阵地资源和社会各种思想政治教育实践教学基地资源，有利于产生资源利用"1+1+1>3"的效果。

二、立足社会，全面筑牢育人实践基石

新时代，我们要致力于形成全社会都关心大学生的健康成长与支持大学生思想政治教育的育人格局。社会各界对大学生思想政治教育支持配合力度和重视程度直接关系到教育质量、社会进退与国家兴衰。

社会教育起着提供大学生思想政治教育正确方向和补充育人力量的重要作用，因此必须重视社会这一育人空间领域，与学校、家庭等育人领域形成优势互补，激发育人最强合力，最大程度地促进大学生成长

成才。

众所周知，人的一生受到最深刻、最持久的教育影响之一就是社会教育。高校应该积极倡导、激励社会各界关心、关注大学生成长成才，增强全社会的各方主体正确认知育人责任、使命与角色定位，增强思想政治教育工作正能量。

大学生在社会上的实践活动具有活跃性、广泛性以及地域性，这三种特性充分体现了开展大学生社会实践活动的重要意义，相对应的对育人资源、育人基地、育人队伍等方面提出新的更高要求。

因此，学校与社会应密切配合、通力协作，针对大学生校内理论学习困惑和思想认知发展需要，搭建和拓展一批社会实践平台，让学生在社会实践中服务人民，在服务人民中茁壮成长，在实践实干中练就本领、增长才干。

坚持理论教育与实践教育相结合。从课程目标、内容、难度、教学方式、学习组织方式、体验活动等方面对国家课程进行深入理解、加工、改造，努力将社团活动、文化活动、习惯教育、红色教育、安全教育等，因地制宜地整合成课程，形成适合本校学生发展的学校课程体系，并加强课程管理与评价，尤其要让社团等活动课程与学校文化建设有机结合，实现"三有"：课程有质量、活动有序列、学生有成长。

三、强化师资，营造优化育人教育环境

百年大计，教育为本；教育大计，教师为本。作为人才培养重地，高校如何在开放办学环境下守好意识形态阵地，也有赖于思想政治工作能力和水平的不断提升。

贯彻落实习近平总书记在学校思想政治理论课教师座谈会上的重要讲话精神，"建设一支专职为主、专兼结合、数量充足、素质优良的高校思政课程教师队伍，切实做到政治要强、情怀要深、思维要新、视野要广、自律要严、人格要正"。这是高校推行"大思政"在师资方面的重要前提。思政课教师担负着学生精神世界的引领工作，思政教育需要面对多元的个体，回应纷繁复杂的社会问题，教育内容涉及政治学、心理学、

历史学、社会学、哲学、法学等许多学科，在这种情况下，教师队伍的培育、继续教育、参观考察，就变得异常重要。以此为目标，寻求深化教师教育改革的突破口和着力点，建设高质量的教师教育体系。"经师"和"人师"的统一实乃为学、为事、为人的统一及以德立身、以德立学、以德施教的统一。专业对学生思维方式、认知方法、信息获取渠道有一定影响，要增强思政课教学效果，就需要从组织管理上把思政课专任教师按专业分工并相对固定，使教师的教学实施有所侧重，以便其充分了解专业培养目标和课程体系，积累专业发展成就和典型案例，把专业思政资源恰当融入思政课教学，以"自己人"走进学生内心、引起心灵共鸣，从而同频共振专业教学，形成育人合力。

教师投身的是培根铸魂的崇高事业，思想政治工作是学校各项工作的生命线，思想政治理论课是落实立德树人根本任务的关键课程，办好思想政治理论课关键在教师。教师要同党和人民站在一起并忠诚于党和人民教育事业，做到政治强、情怀深、思维新、视野广、自律严、人格正，坚持"八个统一"。习近平总书记指出，评价教师队伍素质的第一标准应该是师德师风，强调要加强师德师风建设，坚持教书和育人相统一，坚持言传和身教相统一，坚持潜心问道和关注社会相统一，坚持学术自由和学术规范相统一，引导广大教师以德立身、以德立学、以德施教。要围绕贯彻落实党的二十大精神，按照学习贯彻习近平新时代中国特色社会主义思想主题教育整改整治工作要求，以正确的政治方向和价值导向带动师德师风全面提升。

四、借助网络，着力提升育人最大效能

在信息化时代，以新技术手段实施教学是思政课建设的基本要求，也是思政课课程思政的关键环节，同时也是学校其他部门共同的任务。思政课必须紧跟新技术发展，把教育活动从课堂延伸到课外，线上线下结合，师生融合互动，教导体悟互补。一方面，要借助网络大平台，使得思想性和技术性相融通，以实现思政育人智能化。网络大平台为思想政治教育搭建了更加宽广的时空场域，增强了思想政治教育的辐射面和

影响力。在准确理解信息技术与思想政治教育是形式和内容的关系基础上，不断探索二者之间的融入点，恰当把握二者的融入度——利用先进的信息技术和教学手段把思政育人目标"融"进来，把思政育人内容"糅"进来，把思政育人效果"显"起来。

另一方面，还要借助网络大数据，使得科学性和针对性相融通，以实现"大思政"育人精准化。网络大数据技术为思想政治教育提供了更加精准的个性化育人模式，满足了学生个性化全面发展的需要。因此，高校应通过科学构建具有自身特色的思想政治教育大数据资源中心，以实现精准资源供给；通过加快提升对思想政治教育资源的整合和分类，以实现精准管理服务；通过运用大数据分析技术，切实以学生的个性差异来设计出合理的精准育人方案，以实现精准的思想引领。如建立思政专题网站、名师工作室，实施思政信息冲击、互动答题激励，让学生在日常生活中受到正面教育；制作政治类动漫或仿真作品，顺应新时代学生接受信息特点，让学生在欢愉中受到立体式教育；创作思政情景剧、正能量短视频、鲜明主题微课、高尚生活抖音，让学生在文化熏陶中受到感动感恩教育；主动延展教育时空，走进社会大课堂，融社区红色文化资源、自然生态资源、重要项目资源、重大科技资源于思政教育，把党史教育、爱国主义教育与优秀文化传承融合起来，让学生在浸润中增强文化自信。

第二章　工匠精神培育背景下高校思政课程融合情况

工匠精神是我国民族精神和社会主义核心价值观的重要体现，其传达出的是一种敬业、一种创新精神，是现代高校大学生需具备的优秀素质。当前社会科学技术在不断发展，社会各行业对工匠精神的要求越来越细致和严格，由此也对高校育人工作提出了现实要求。从近些年高校针对思政课教学所进行的一系列创新与改革工作来看，融入工匠精神、构建工匠精神学习体系已经成为高校思政课教学的一种必然趋势。

培养大学生的工匠精神就是要逐步引导大学生建立起做事情精益求精、坚韧不拔、专心致志、心无旁骛的优秀品质。工匠精神需要细致入微的良好习惯，需要专心于全局的格局与意识，同时也要具备不踩禁区、不越雷池的原则。工匠精神要求脚踏实地、追求卓越。一个人只有具备脚踏实地、追求卓越的精神才可以越来越接近自己的目标。具有工匠精神的人做事专注认真，不会好高骛远、三心二意。所谓"不积跬步无以至千里，不积小流无以成江海"，正是工匠精神超越自我、创新突破、实现卓越的不懈追求。

第一节　工匠精神融入高校思政课程的价值维度

价值观塑造、立德树人是工匠精神培育与思政课教育的共同目标，其核心观照是人。工匠精神的施动者是工匠，"工匠"的一般属性是人，特殊属性是行业成员。因此，工匠精神培育既是对个体的思想教育，也是落实对行业从业者的特定规范。马克思认为："人的本质不是单个人所固有的抽象物，在其现实性上，它是一切社会关系的总和。"社会关系总体主要是围绕"人""社会""国家"三个层面，即个人与自身关系、个人与社会关系、个人与国家关系。相对于"个人与自身关系"的独立性、"个人与国家关系"的政治性，工匠精神主要与社会劳动相关联，因此，"个人与社会关系"具有一定的主导性。由此，形成了工匠精神融入思政课的几个维度。

一、个体价值维度

个体是人的世界的重要组成部分。作为大学生个体，不可避免地会追问："我从哪里来？""我到哪里去？""我存在的意义是什么？"这是哲学中最经典的三问。康德说哲学最主要的问题有这么几个方面：第一个方面要探寻的是我们能够知道什么，第二个方面是我们能够做什么，第三个方面就是我们能够希望什么。这个"我"，只是一个字，或者一个躯体，本身没有任何意义。要使这个"我"产生意义，就需要和其他元素产生关联，也可以称之为产生因果。"如何更好地认识自己，如何让自己更好地生活"自然是思考最多的，其实质是对个体生存价值的叩问。人从出生来到这个世界，不单纯是个人问题，简单理解就是要了解自己、认识自己、完成责任，这样人生才不会迷茫，才会有意义。思政课针对这些设置了一些内容，比如人生与理想、人生观与人生价值、个体身心和谐、个人道德等，具有一定的理论和方向指导意义。若把工匠精神培育融入以上思政课，就容易让理论落地，学生会觉得自己不仅是在抽象地进行形而上的哲思，而且是在实实在在地审视"我是谁""我为什么要参与社会劳动""社会劳动于我有怎样的意义"等。人的自由而全面的发展是理想社会的美好追求，将工匠精神培育融入个体与自身关系的思考维度，表面上是思考工作与自身的关系，实质可以帮助学生从个人价值实现的高度理解工作的意义与价值，一定程度上阻断大学生对工作庸俗或被动的理解，防止劳动的异化和对自身价值认识的错位。

二、伦理与契约维度

马克思主义认为"社会"起源于现实的人的物质生产活动，是用以表达人与人之间基于主体的能动活动构建的关系形态，是个人"彼此发生的那些联系和关系的总和"。它既是个人谋生的基本单位，也是人的全面关系和幸福生活的基本单位，是人类生活的共同体。"一个种的全部特征、种的类特征就在于生命活动的性质，而人的类特征就是自由自觉的劳动。"劳动是生产、交流、碰撞、沟通、协商、妥协的过程，协调矛盾冲突、合理分配利益、构建良好关系成为必须。纵观人类发展史，劳动先后主要构建了人的两大类关系：亲缘关系和业缘关系。亲缘关系以血缘、亲情为中心，在中国传统"家国天下"观念影响下，氏族、家族、宗族、村社、国家这些社会单位构成了亲缘关系的重要组成部分。业缘关系以"物"为中心，在交换日益发达的工业化、商品化时代发挥着重要作用。人们之间因为不同的劳动形式和专业分工而分属不同的职业，产生交换劳动成果的必要，他们之间的关系就是业缘关系。亲缘关系主要靠血亲尊长的身份权威和历史形成的文化传统来维系，表现为约定俗成的伦理道德；与亲缘关系强调身份和情感不同，业缘关系尽管也是人际关系，身份和情感因素不可缺少，但是它主要发生在陌生人或无血缘关系的人之间，一定程度上摆脱了传统社会对人的过度依赖，维持其存在和发展的力量主要在外部，即社会契约关系，而契约关系依赖规矩与制度，依赖强制力保护，主要表现为国家权力，而以国家权力为依托的行为规范不是别的，正是法律规范。道德和法律这两类规范，是思政课关注的核心要素，工匠精神培育沿着这两大维度融入进去，切中要害。

"伦理"与"道德"常常混用，两者实则有别。对于"伦理"的理解应以多方面展开。对其概念的理解应该首先从"伦"和"理"这两个字入手。伦理中的"伦"按照东汉经学家郑玄在为《孟子》作注时所说，伦即序，而所谓"序"就是秩序、序次。伦理中的"伦"所指的序次或者秩序是对人与人之间关系的一种界定，而不是任何一种关系，其是有特定范围的。"理"字实际上是在表达我们每个人在各自的社会生活中要怎样才能处理好与自己相关的各种人际等的关系。

　　"道德"中的"道"即道路，类似于"理"，"德"即"得"，从"道"到"德"，就是按照某种规矩行事就有所得，"道德"意思是应该如何规范。从词义的解析中可以看出"伦理"包含"道德"，道德更为内在、主观和个体，是一种自主的内心选择，而包含"道德"的"伦理"是更高层次上的客观和主观的统一。与基础德育强调个人道德修养相比，高级阶段的德育应该有一个对德性的更高辨析和理解，不仅要追求个人品质方面的提升，还需要对复杂社会关系的客观状况和规律有基本把握，而这些均要上升到伦理层面。具体到职业劳动，学生自然需要了解并体悟职业道德，思考自己如何做、做到什么程度才能达到职业领域内所追求的"善"和"美"，但他们更需要了解，对职业人社会客观上有何要求，行业又有何规范。了解这些规范后他还需要从主观领域内思考自己该如何理顺与同事、领导、服务对象、整个行业的关系，才能将工作和契约履行"适当""合适""合宜"。相比于道德层面的善恶判断，伦理层面的渗透无疑可以提升学生对自我职业身份的认知与定位。当前思政课重视职业道德，但对职业伦理却很少提及。这方面是高校思政课有待加强的部分。"将职业伦理融入思政教育，不仅能丰富思政课职业道德教育的内涵，而且有助于工匠精神培育的可实践性"①。

　　法律与制度是社会规则中的一种特殊类型，它是业缘社会关系的规则约定，又是国家与集体意志的体现，权利与义务的对生、契约与自由共生是其重要的特色。现代工匠劳动已不同于过去的私人作坊模式，基本建立在雇佣与交换基础之上。雇佣与交换实质是契约的缔结、履行和实现的过程，这里面涉及双方在平等的个人自由意志基础上对权利与义务的确认，其核心特征在于它的契约性，这和法律的契约特性相吻合。高校课程包含法治观的教育，工匠精神培育融入思政课法治观环节是非常自然而合乎情理的。

　　加强高校学生契约理性的教育，有两个方面功效：一是有助于学生理解职业劳动关系与亲缘关系的区别，避免将工作关系和家庭熟人亲情关系混为一谈，明确自身角色与权责；二是法律意识有助于保护劳动过

---

　　① 叶玉婷，孙庆玲.高职思想政治教育离不开"工匠精神"基因[N].中国青年报，2017-06-12(010).

程中的契约关系，为大学生职业潜能的充分发挥扫清外在障碍，从而更加专注于产品与服务本身，有利于工匠品质的呈现。

三、个体与国家关系维度

工匠精神的培育应该而且必须上升到个体与国家关系维度。首先，个体与国家命运息息相关，个体的精神提升就是国家软实力的壮大。无论理想主义者如何展开想象，中国近代百年苦难史、持续多年的欧洲难民危机均证明了个体与世界关系的脆弱性，国家仍然是当今世界的主要构成单元。个体相对于国家，其身份就是公民，公民与国家之间是荣损与共的关系。工匠精神培育过程也是公民权利与义务的教育过程。

其次，工匠精神是国家复兴的重要法宝。在手工业史上，"中国制造"曾取得辉煌的成就。英国科技史学家李约瑟在《中国科学技术史》中说，3世纪至13世纪之间，中国曾保持令西方望尘莫及的科学技术水平，当时中国的发明和发现远远超过同时代的欧洲。进入后工业时代，要树立中国制造的自信，必须让中国古代工匠精神之精髓内化于心、外化于行，重新点燃现代工匠精神，具有重要战略意义。思政课若单纯讲述个人与国家之间的关系，公民对国家的责任与义务，容易落入空有说教的窠臼。将新时代工匠精神培育融入进去，可以很好化解这种紧张关系，学生比较容易获得自我劳动在国家层次上的意义，职业劳动自觉性和自豪感自然而生。

第二节　工匠精神融入高校思政课程的可行性

工匠精神培育与高校思政课教学内容上的相融性、导向上的关联性、本质上的一致性、发展趋势的契合性，为二者的融合提供了可行性。

一、工匠精神培育与高校思政课程教学内容相融合

工匠精神融入高校思政课教学中，源于工匠精神所蕴含的精神品质

与思政课为党育人、为国育才的培养目标高度一致，工匠精神所包含的内容恰恰是高校思政课教学中针对大学生群体开展教育和引导的出发点与落脚点。对于高校思政课教学而言，工匠精神便是一种精神指引，是不可或缺的一项重要内容，更体现出高校思政课教学在社会中的鲜明时代价值。

高校教育的特点决定了思想政治理论课教学要有培养职业精神的内容。工匠精神蕴含精益求精的职业态度、恪尽操守的职业品质、守正创新的专业素养、敬业乐业的职业风尚。工匠精神所包含的内容与高校思政课教学内容是相融的。在"思想道德与法治"课教学内容中，工匠精神内容与多章教学内容相融合。例如在社会主义核心价值观的教学中可融入工匠精神的教学，同时工匠精神又是中国精神不可缺少的一部分，还是领悟人生真谛创造人生价值内容之一，更与遵守道德规范、锤炼高尚品格内容具有一致性。在《毛泽东思想与中国特色社会主义理论体系概论》中，"解放思想，实事求是"既是党的思想路线的内容，又是工匠精神的根源所在。创新既是中国共产党执政新理念，又是工匠精神蕴含的精髓。我国还处于社会主义初级阶段的基本国情，造就工匠精神是时代发展和个人发展需要的现实基础。实现中华民族伟大复兴的中国梦离不开工匠精神的弘扬。工匠精神的培育与弘扬有利于凝聚中国力量，助力中国智造，促进生产力的发展。工匠精神既反映着从业人员的职业精神，也是全心全意为人民服务的思想在劳动者身上的体现。所以说，工匠精神与高校思政课教学在内容上不是相互独立的，它们之间相通相融，为工匠精神培育融入高校思政课教学奠定了基础。

在高校思政课教学中融入工匠精神，其所涵盖的品质精神培育主要包含双重内涵，具体体现为产品质量的品质和道德行为的品质。正如我们在工匠精神的解读中所看到的匠心独运这一词汇，工匠精神中的品质精神代表的便是一种追求完美与极致的工作品质，是心无旁骛一心专注于精品生产的态度。"高校思政课教学中更需要重点培养大学生的品质精神，要教育和引导大学生认真对待自己的工作"[①]，时刻以高标准和严要

---

① 刘学飞.工匠精神融入高职院校思政课实践教学的基本模式[J].宁波城市职业技术学院学报，2017（12）：63.

求来约束自己的行为举止，做一个有道德、有理想、有品质追求的优质人才。

二、工匠精神培育与高校思政课程教育导向功能相关联

从思想政治教育的导向功能分析，导向功能作为思想政治教育本质外在的集中显露，在具体的思想政治教育实践中，集中体现在理想信念导向、奋斗目标导向与行为规范导向三个层面。思想政治教育在工匠精神的理想信念导向层面体现为：高校通过长期开展以工匠精神、工匠文化、工匠人才等内容为主题的思想政治教育，将工匠精神凝聚为职业人才的一种理想信念，固化为一种让学生确信不疑的思想，进而形成一种长久、有力、坚定的行为驱动力，避免外部环境对工匠思想意识冲击的影响；从奋斗目标导向层面上看，思想政治教育将新时代中国特色社会主义的阶段性或长期性的奋斗目标转化为工匠个人、社会工匠群体的奋斗目标，在不同的个体与层面上实现中国梦在工匠中的转化；在行为规范导向层面上看，高校通过开展以法律法规、思想道德、职业道德为内容的思想政治教育，引导工匠的行为符合当前国家法治、社会舆论、职业环境对工匠行为的各项要求，促进工匠精神能够落地生根。

工匠精神主要包含四种精神品质，分别是劳动精神、创造精神、品质精神以及服务精神。其中，劳动精神培育是高校思政课教学的根本内容和目标之一。工匠精神渗入到本质，代表的便是劳动者的勤劳精神。这也是具备工匠精神的劳动者和普通劳动者之间的区别。在实际思政课教学中，思政课教师要让大学生明白劳动精神不仅仅是一种职业精神，其更在某种程度上代表着价值取向，是思政课学习中至关重要的内容之一。现阶段高校在组织开展思政课教学的过程中需进一步加强对大学生劳动情怀的培养力度，要时刻关注大学生的劳动思想变化情况，逐步引导大学生建立起劳动自觉，进而发展成为优秀的劳动品质，成为实际学习和生活中的一种良好习惯。

创造精神的培育是当前高校思政课教学中的一个重要目标。工匠精神中提倡创新思维与创新能力，看重一个人的创造性，鼓励人要积极发

挥出自身的主观能动性，要全力推动社会的发展和进步。工匠精神的核心内容之一便是创造精神，而创造精神则是作为一种长远精神贯穿于人类社会发展的每一个阶段。创造可以是无形的，也可以是有形的，可以是历史的，也可以是现实的。高校思政课教学中要对大学生创造精神与能力的培养表示出高度的关注和重视，要确保将创造精神的培育贯穿到思想政治课程教学的始终，时刻向大学生传递和渗透创造精神，鼓励和支持大学生敢于创新、勇于创造。

高校思政教学中培育大学生的工匠精神，还应关注大学生的服务精神。在日常工作中树立服务人民、国家、社会的精神理念，积极承担自己的社会使命与责任。高校思政课教师要重点关注到这一点，培育大学生的服务精神，引导和教育大学生要养成敢于担当、乐于奉献的精神品质。

三、工匠精神与高校思政课程本质要求相一致

工匠精神所体现的是从业人员对自身职业的价值取向的一种具体行为表现，其本质上属于一种职业精神。具体来讲，从业人员的工匠精神体现在其对产品品质的极致追求，这种对产品品质的极致追求精神，促使其对产品精益求精，并在工作过程中追求与享受产品的升华，同时对自身的工作始终持一种优秀的态度。

纵观历史长河，工匠精神随着时代的发展也在不断充实创新，不仅推动了社会的发展，还为后代留下了宝贵的经验和精神财富。各行各业涌现出优秀的匠人，不仅其事迹得到了弘扬，其精湛的技艺也得以传承，甚至作为全新的行业标准，规范着后来者的操作流程，更加推动了行业管理机制的建立和发展。

匠人精神不仅形成了良好的职业准则，也使匠人本身成为了行业的精神领袖，全面提高了从业者的职业素养和艺术追求。良好的职业素养铸就了良好的企业信誉，推动了行业的良性竞争和蓬勃发展。在这种环境的熏陶下，逐渐形成了中华民族勤奋自强、诚信务实的优秀传统美德，是华夏文明传承的坚实脊梁。工匠精神所追求的优秀品质，正是当下高

校思想政治教育所提倡的教学理念。工匠精神所追求的是培养从业人员的真、善、美人格，而这正是我国高校思想政治教育的追求目标。因此，在工匠精神日益受到党和国家重视，受到社会与人民呼唤的今天，高校在思想政治教育中大力弘扬工匠精神，即为弘扬主流的社会价值观，与思想政治教育的本质相符合。

将工匠精神融入高校思想政治教育中，不仅能够通过各种现实的教育素材，来树立大学生的职业价值观，还可以通过对具有工匠精神的模范人物展开分析学习，使大学生对知识学习与技能培养有正确的认识。更好地把握敬业精神的本质，从而确定积极的人生价值追求目标以及对崇高道德品质的追求。

四、工匠精神与高校思政课程教育发展趋势相契合

思想政治教育的发展论认为：思想政治教育发展的基础之一是对现实实践的回应。中国特色社会主义新时代，既同改革开放以来的发展历程一脉相承，又体现了很多与时俱进的新特征和新趋势。从人民日益增长的物质文化需要同落后的社会生产之间的矛盾转化为人民日益增长的美好生活需要和不平衡不充分的发展之间的矛盾，我国社会主要矛盾的重大历史性变化，对社会主义市场经济体制建设产生了广泛而深刻的影响。高质量发展，实质上就是质量和效益替代规模和增速成为经济发展的首要问题，也就是经济发展从"有没有""有多少"转向"好不好""优不优"。

踏上第二个百年奋斗目标新征程，离不开每个人的齐心协力、同心奋斗。通过上好"大思政课"，教育新一代年轻人增强主体意识和责任意识，不仅要做国家富强的见证者、受益者，更要做民族复兴的参与者、推动者。

在当今社会，追求"短、平、快"（投资少、周期短、见效快）带来的是立竿见影的效益，忽视了产品的灵魂品质。而在传统文化中，工匠精神不仅是规范从业者的行为准则，还是从业者的职业价值标准。工匠精神是强调一种精益求精的精神。工匠精神有利于国家的科技创新，为经济的发展提供动力，有利于提高经济质量和效益、转变经济发展方式。

这样就促使从业者在制造产品的时候，更加踏实认真、创新创造，由此而获得广泛的认可。

制造业是国民经济的主体，是立国之本、兴国之器、强国之基。当前，我国制造业大而不强，科技含量不高，发展日渐乏力，结构调整和转型升级的任务越来越紧迫。在现代工业文明的重塑中，举起工匠精神的旗帜，就是营造社会氛围、累积心理沉淀、提升实业精髓，为工匠精神的崛起夯实基础。以思政课为载体，大力倡导和弘扬新时代的工匠精神，增强学生重质量、重品质、重创新、重细节、重敬业等优良的创优意识和职业精神，思政教育与工匠精神教育息息相关，二者融合可相辅相成、共同进步。强化工匠精神教育能使学生在思政教育展开过程中提升核心素养，也能使学生在实践中践行思政理论。营造全社会对工匠产品追随的价值引领，提升工匠地位，使工匠能够秉承专心专注、精益求精、传承出新等工匠精神内涵，打造更多、更好、更新的产品，最大限度地激发未来走入职场的青年学生的生产能力和创新活力，不断满足人民日益增长的对美好生活的向往，进而在新时代的高校思政教育中大力开展工匠精神教育，赋予新时代人才在新时代背景下所应具备的工匠精神素养，凸显工匠个体的价值与工匠精神传承的意义。

第三节　工匠精神融入高校思政课程的必要性

工匠精神是传承中华千年文化的瑰宝，更是建设现代化社会主义中国的精神动力。高校作为培养新时代工匠精英的摇篮，应当将传统工艺鉴赏与高校思政课程相互结合。工匠精神与高校思想政治教育的融合，既能带领大学生群体领略华夏文明，欣赏古代匠人的精湛技艺，还可以增设趣味实践课程，来提升新时代大学生的动手能力和创造能力，培养大学生群体的匠人精神。将高校的思想政治教育课与学习传承工匠精神相结合，既能实现高校思想政治教育在教学空间上的拓展，对于高校思想政治教学方法的革新和优化也有积极的推进作用。工匠精神不仅可以推动思想政治教育的师资团队发扬敬业精神，还可以全面提升大学生群体的综合能力和职业素养，为推动社会的全面进步和中国特色社会主义伟大事业的建设进程注入源源不断的活力。

一、人才强国呼唤工匠精神的时代诉求

制造业是国家经济命脉所系。技能人才是支撑中国制造、中国创造的重要力量。没有强大的制造业，就没有国家和民族的强盛，打造具有国际竞争力的制造业，是我国提升综合国力、保障国家安全、建设世界强国的必由之路。

在工业领域，存在一个人才结构比例"1∶10∶100"，即1个科学家、10个工程师、100个技能人才。中国人才研究会副秘书长王琪在其编著的《中国高技能人才就业形势分析》中提到，日本所拥有的产业工人队伍中高级技术工人占技能劳动者的40%，德国拥有的高级技术工人占比已超过50%，而在我国这一比例仅为5%左右。随着企业自动化程度不断提升，对技能人才的要求也越来越高。

新时代呼唤工匠精神，高质量发展需要技能人才。在中国特色社会主义伟大事业建设中，高技能人才和大国工匠是改进生产工艺、引领科技创新领路人，广大劳动者要始终秉承"精于技术，工于品质"的工匠精神，树匠心、育匠人，将"精益求精、一丝不苟、严谨细致、耐心专注，敬业奉献"的理念融入精神血脉，不断掌握新理论、新知识，锤炼新技能，提高技术水平、增强技术本领，走技能成才、技能报国之路。

党的二十大报告围绕全面建成社会主义现代化强国，提出了很多新表述、新理念，作出了很多新要求、新论断，其中在人才方面，习近平总书记指出："加快建设国家战略人才力量，努力培养造就更多大师、战略科学家、一流科技领军人才和创新团队、青年科技人才、卓越工程师、大国工匠、高技能人才。"这一要求充分体现了党中央对培养大国工匠、弘扬工匠精神的高度重视，为高校开展思想政治教育、培塑工匠精神提供了根本遵循。

工匠精神是提升制造强国核心竞争力的力量源泉。当今世界正在进入"工业4.0"时代，高校要适应产业发展信息化、数字化、智能化的新趋势，以工匠精神推动经济发展质量变革、效率变革、动力变革，教育引导学生献身制造强国事业，勇于突破"卡脖子"技术，立志成为高素质技术技能人才、能工巧匠、大国工匠，为建成技能型社会、实现科技强国梦奠定坚实的后备基础。

高校思政教育必须与新时代工匠精神相融合，立足马克思主义劳动理论，以夯实中国式现代化建设基础为出发点，教育引导学生将执着专注、精益求精、一丝不苟、追求卓越的工匠精神融入学习和工作的全过程。秉持以文化人的理念，将弘扬工匠精神与弘扬社会主义核心价值观、中华优秀传统文化、社会主义先进文化紧密结合，将职业道德、匠心品格、人文素养教育融入办学理念和目标，将践行工匠精神贯穿于管理、教学、实习等各个环节，增进对工匠精神的思想认同、价值认同、情感认同，引导学生自觉传承工匠精神，坚定走技能成才、技能报国之路。为此，我们要呼吁，新时代更需要弘扬工匠精神，铸就更多工匠人才，真正让工匠精神成为推动我们事业的巨大精神力量。

当今世界，经济全球化、和平合作、开放融通、变革创新是不可逆转的时代潮流。一个国家的产品质量往往被视为一国之文明程度、一国产品之信誉，往往是一国之国民尊严。我国正在从制造业大国向制造业强国转变，"中国制造"正在向高端、智能、绿色、优质阔步迈进。在这一历史转变过程中，迫切需要培育和弘扬工匠精神。

二、工匠精神是促进学生个人发展的内在力量

人类是劳动创造的，社会是劳动创造的。劳动没有高低贵贱之分，任何一份职业都很光荣。正确的劳动观念是维系人们职业活动和职业生活的思想观念保障。在职业生活中，必须牢固树立"劳动最光荣、劳动最崇高、劳动最伟大、劳动最美丽"的观念，通过劳动创造更加美好的生活。无论从事什么劳动，都要弘扬工匠精神，干一行爱一行钻一行。只要踏实劳动、勤勉劳动，在平凡岗位上也能干出不平凡的业绩。一切劳动者，只要肯学肯干肯钻研，练就一身真本领，掌握一手好技术，就能立足岗位成长成才，就能在劳动中发现广阔的天地，在劳动中体现价

值、展现风采、感受快乐。

工匠精神是中国制造前行的精神源泉，是企业竞争发展的品牌资本，是员工个人成长的道德指引。作为培养服务地方经济和社会发展的应用型人才的摇篮，地方高校应适应时代发展之需，综合考量国家发展战略和地方需要，改变狭隘的人才观，树立大人才观，着眼于各个领域、各个行业，不拘一格培育人才。俗话说"三百六十行，行行出状元"，工匠精神不仅存在于制造业，也存在于服务业，人才是多样性的，凡是具有一定的专业知识或专门技能，能够进行创造性劳动并对社会作出贡献的人，都是优秀人才。人才不仅仅限于公务员、科学家、艺术家、白领等，还包括工匠人才。在古今中外的历史上，恰恰是能工巧匠的聪慧、巧思、精工和默默坚守，才使得人丰衣足食，并推动社会的发展进步。目前，随着我国生活水平的不断提高，人们对生活品质的追求越来越高，"专门定制""纯手工制作"往往被奉为"上品"，这些上品都离不开能工巧匠高超和精湛的技艺。工匠精神是民族素质的重要内容，它首先体现为职业操守，这种职业操守，不是靠法律或制度限定，而是来源于道德的力量和职业精神。高校学生学习职业相关的技能的同时，更要塑造职业态度和职业素养，使得其能够在职业发展中快速有效地转换和适应工作岗位，提升职业技能水平，使得学生在进入工作岗位前能够拥有工匠精神的精神内涵，实现自我职业生涯有序成功的发展。

如今面对经济转型的特殊时期，很多人追求即时利益，忽略了产品的品质要求，特别是如今网络发达，低质量的产品充斥社会生活，随之而来的是各种社会问题，当代大学生是即将步入社会的群体，在面对这个浮躁的社会的时候，能够拥有工匠精神是个人的信仰，是对企业对国家人民的一种负责，推进中国社会的良好风气，推动中国社会的进步，是当代大学生以及社会各阶层人员都需要践行的责任。

培养工匠精神有助于个人的成长和道德的指引，敬业、精益、专注、创新是工匠精神的内涵，践行工匠精神，有助于当代大学生更好地实现自身的价值，培养自身的道德素质。被誉为"火药雕刻师"的航天人徐立平专注雕刻火药30余年，仅凭手感就能将药面整形误差从允许的0.5毫米提高到0.2毫米。是从事数控加工20年潜心钻研的秦世俊对飞机零部件0.01毫米的较量，誓让中国制造更有话语权。他们执着于自己选择的事业，专注于自己投身的领域，自觉不断提高业务水平，始终努力向前，一生敬业奉献、永不言弃。将工匠精神融入思政课教学，引导学生立足本职工作，爱岗敬业，以敬畏之心对待工作，尽心竭力练就专业能力和专业素养。

加强对青年学生工匠精神的培育，本质上就是贯彻党的教育方针，坚持立德树人。要坚持用社会主义核心价值观和工匠精神引导学生勤学、修德、明辨、笃实，引导学生静心学习、刻苦钻研、百折不挠，求得真学问，练就真本领；要培养学生的创新精神，树立在前人的基础上超越前人的雄心壮志；要重视实践育人，拓展学生社会实践的平台和路径；要加强对学生使命意识和责任意识教育，引导学生牢固树立对人民的感情、对社会的责任、对国家的忠诚。

三、高校思政课育人目标的实现要求融入工匠精神培育

2020年，教育部等八部门联合印发了《关于加快构建高校思想政治工作体系的意见》（以下简称《意见》），这是新中国成立以来国家出台的第一个专门面向高校思想政治工作体系建设的里程碑式政策文件。构建目标明确、内容完善、标准健全、运行科学、保障有力、成效显著的高校思想政治工作体系，是健全高校治理机制、提升依法治校能力的迫切需要，是落实新时代党对思想政治工作新要求、推动高校思想政治工作创新发展的迫切需要，是构建高水平人才培养体系、落实立德树人根本任务的迫切需要。

《意见》将高校思想政治工作体系细分为理论武装体系、学科教学体系、日常教育体系、管理服务体系、安全稳定体系、队伍建设体系和评估督导体系七大子体系。它们各有其育人价值、特色和作用，但总体而言可以将其划分为主导体系和支撑体系。育人为本，德育为先，理论武装体系关系着"为谁培养人"这个根本问题，在思想政治教育中起着"铸魂"作用。《意见》同时指出，发挥学生"立德"主体作用。坚持把价值引领和情怀铸造贯穿知识学习、能力提升全过程，以"爱党、爱国、

爱社会主义、爱人民、爱集体"为主线，厚植爱国主义情怀，引导学生树立正确的世界观、人生观、价值观，争做社会主义核心价值观的坚定信仰者、积极传播者和模范践行者。而工匠精神是职业素养与为人民服务精神的集中体现，因此，将工匠精神培育融入大学生的人生观、价值观、世界观教育和法治素养培养，融入马克思主义中国化理论形成过程教育，融入社会主义核心价值观，使得高校在职业理想、职业意识、职业行为、职业操守、契约精神等方面符合中国现代社会发展的需要，定能客观反映高校思政教育的要求和特色。

习近平总书记指出，"思想政治理论课要坚持在改进中加强，提升思想政治教育亲和力和针对性，满足学生成长发展需求和期待"。思政教育最终要服务于社会生产发展、服务于人。大学生的综合素养主要通过思想政治教育来培养，高校思想政治教育的内涵与教学方法在一定程度上决定了综合素养培养的结果。大学生毕业后很多人是直接面向生产服务一线的，工匠精神培育与他们未来的职业素质直接关联。以工匠精神培育作为课程教学的基础，将思想政治教育与工匠精神培育有机融合，围绕工匠精神的培育来确立思政课程的教育目标。在此课程目标的基础上，在结合我国人才培养实际需要的同时，要与时俱进，不断挖掘人才培育新需求，使得高校思想政治教育在工匠精神的指导下，培养出能够适合未来发展需要的建设人才。

另外，目前很多高校的思政课缺乏温度，大多以思想政治理论课为主，缺乏联系实际的针对性，使得教学作用不明显。而工匠精神是由许许多多鲜明的人物案例体现出来的。比如中铁一局电务公司电力高级技师窦铁成站在了技术最前沿，成为高级技师和知识型工人。从1999年起，那时已43岁的他从辨认一个个字母开始，练打字，钻研CAD制图软件，书写了近200万字的学习笔记，记满了90多本工作笔记，先后解决技术难题69项，并创造多项专利。再比如"当代毕昇"王选把"高科技应做到'顶天立地'"作为一生奋斗的信条，"顶天"即不断追求技术上的新突破，"立地"即把技术加以大量推广、应用，使中国传统出版印刷行业得到彻底改造，"告别铅与火，迎来光与电"。"杂交水稻之父"袁隆平，中国工程院院士。几十年来头顶烈日、脚踩泥土，奔波在田间地头是他的工作日常。从三系杂交稻到超高产两系杂交稻，从盐碱地水稻高产新纪录到第三代杂交水稻早晚双季稻亩产新纪录，攻克诸多育种技术"卡脖子"难题，用一粒粒种子造福中国、改变世界……这些实实在在的案例，为高校思想政治教育的课堂教学融入活生生的教学素材，不仅能够激发大学生的兴趣，还为大学生的学习树立了现实的榜样，这些案例不仅能够对大学生进行很好的敬业爱业教育，还有助于帮助培养大学生良好职业道德、科学素养以及艺术素养，这对转变高校思想政治教育模式具有重要现实意义。

第四节　工匠精神融入高校思政课程融合现状

2016年以来，在党和国家领导人的大力倡导下，随着各类工匠培养政策文件的出台，工匠精神在高校思政课中的教学占比逐渐提升，受到高校思想政治教育者的重视。但由于工匠精神在2016年才由国家领导人提出，在高校思想政治教育中起步较晚，在其内容、方法等方面仍显不足，需要进一步完善。

一、工匠精神融入高校思政课融合的亮点

（一）工匠精神融入高校思政教育的政策不断完善

自2016年以来，工匠精神的培育得到了国家政府部门和全国各省、市及各行业、高校、企业、社会组织的积极响应，全国上下积极开展以"工匠""工匠精神"为主题的选拔、比赛、表彰等活动，并出台了相关的政策指导文件，对工匠精神的培育进行专门的指导，特别是中华全国总工会专门组织了工匠人才评选、工匠工作室等相关活动，在全国上下营造了良好的氛围。

2017年2月，中共中央、国务院在《新时期产业工人队伍建设改革方案》中提出完善现代职业教育，培育更多"大国工匠"；2017年9月，又在《关于深化教育体制改革的意见》中对职业教育改革提出了明确的

指导，即强调要健全德技并修、工学结合的育人机制，着力培养学生的工匠精神、职业道德、职业技能和就业创业能力；自2018年起，每年一度的"大国工匠年度人物"发布活动，让平时默默无闻，专注于自己领域深耕的大国工匠从幕后走到台前，执着专注、精益求精、一丝不苟、追求卓越的工匠精神在他们身上有了具象化的体现，也让他们成了舞台上最闪耀的明星；2021年，中共中央办公厅、国务院办公厅印发了《关于推动现代职业教育高质量发展的意见》，指出要加快构建现代职业教育体系，建设技能型社会，弘扬工匠精神，培养更多高素质技术技能人才、能工巧匠、大国工匠，为全面建设社会主义现代化国家提供有力人才和技能支撑。国家连续印发相关文件、评选优秀大国工匠代表，充分展示了对近年来高校思想政治教育工作在工匠精神培育中所起作用的重视，也是工匠精神在高校思想政治教育实践中的具体指导性意见。

（二）高校对工匠精神的关注度有所提高

在党中央出台的多项政策指引下，在全国上下开展工匠精神培育的活动影响下，以及新时代"蛟龙下海""神舟升天""嫦娥奔月"，中国取得从"零"到多个世界领先的成就的感染下，各个高校开始重视工匠精神的宣传与培育。很多高校网站中出现了关于"工匠""工匠精神"等相关活动报道，这些报道内容主要集中于各高校以开展"工匠进校园讲座""职业技能比赛""工匠工作室挂牌""工匠宣传片""工匠精神融入思政课探讨""征文比赛"等方面。如今，"培育劳模精神、劳动精神、工匠精神"已经写进了新修订的《职业教育法》，并于2022年5月1日起施行，各高校进一步认识到大力弘扬劳模精神、劳动精神、工匠精神，用精神引领我国职业教育健康发展的重要性。

（三）工匠精神融入高校思政课教育的特色有所呈现

工匠精神得到高校的持续关注，部分高校也在其思想政治教育中付诸实际行动。部分高校结合本校专业优势，创新思想政治教育特色，取得了较好的教育效果。例如，贵州装备制造职业学院坚持立德树人的教育宗旨，推动"思政课程"与"课程思政"协同育人工程，强化"五育"

并举；湖南交通工程学院机电工程学院将工匠精神渗透到宿舍文化建设，全院通过主题班会，各班辅导员从"评估契机下的宿舍文化建设""宿舍特色文化""宿舍军事化管理""与工匠精神相结合的宿舍文化"四个方面展开讲解，针对如何培养工匠精神、打造精神家园等问题对学生进行建设性指导，指出宿舍管理中存在的问题，提出具体要求，制定一系列规章制度，对优秀合格宿舍作出评定标准，在全院推行"自治化管理"，实行奖优罚劣；重庆市彭水职业教育中心通过探索实践引企入校一体化发展策略，构建"平台+模块"课程体系，逐渐形成"产、学、研、展、销"的人才培养模式，深化产教融合、校企合作，促进教育链、人才链与产业链、创新链衔接。

二、工匠精神与大学生思政课融合的困境

多年来，评价高校尤其是高校的办学水平和人才培养质量时，一直将学生的就业率、毕业生月收入等作为最重要的指标之一，这也是部分高校尤其是高校在招生宣传时，作为最直接办学实力的对外宣传。因此，在实际的教育教学工作中，专业课势必成为学生的主业，扎实的专业基础和过硬的技能技术也是学生综合能力的体现，"就业优先、毕业生高收入"成了大多数高校的人才培养导向，忽视了对工匠精神的培养。显然，这与新时期高校人才培养目标还存在一定差距，偏离了高校育人的初心。以新时代视角看工匠人才的培养，从目前高校思政课教学中融入工匠精神的相关内容来看，还存在着一些问题和不足。

（一）思政课教学和工匠精神融入之间关系理解不到位

目前高校思政课有的只是简单地将工匠精神等同于师徒传承，并未给予工匠精神全面的理解和认知。就现在高校思政课教学与工匠精神的融合现状来看，不得不承认当前有很多高校针对教学目标存在着诸多不合理的地方，在实际教学过程中会有部分高校将更多教学精力集中在理论知识的传授和学习上，而忽视了大学生思想道德以及职业精神层面的培养，这就使得大学生在日常学习和生活中出现了专业能力与职业精神

发展不平衡的情况。

当前，高校有多种形式的校企合作，但有些只是停留于口头，工匠精神的培养更是如此。企业也认识到工匠精神培育对人才培养的重要性，但企业追求经济利益的目标决定了其对工匠精神的培育缺乏真正的热度与支持。尽管企业有实践经验，但由于参与不足，致使工匠精神培育乏力。

（二）工匠精神培养的思政教育体系不成熟

在我国的思政教育中并未过多地涉及有关工匠精神的话题。工匠精神属于职业精神的范畴，在思政课上缺少对职业精神概念的教导。在我国教育改革稳步推进的当下，高校思政教育已经落后于教育改革的步伐。有关工匠精神的理论模型在思政教育中还未建立完全；不成熟的思政教学体系也阻碍了工匠精神的培养；落后的教学内容、传统的教学方式也早已不适应当下时代的潮流。在我国思政教育的实践中，有关工匠精神的教育理论模型甚至没有完整地建立出来，我国有关工匠精神的概念，在2016年就已经首次提出。但现在有些高校都没有完整地建立有关工匠精神培育的理论模型，不建立完整科学的理论模型，工匠精神的教育就没法成熟地展开。工匠精神的融入缺乏有效引领和全面规划，工匠精神尚未深入思想政治教育各环节，学生感知工匠精神缺乏持续性。另一个阻碍工匠精神培养的原因，是我国思政教育体系的不成熟，在当前的高校思政教育中，很多学校没有将工匠精神的培育置于价值导向和精神追求的时间坐标、空间坐标及思想坐标之中，还有部分学校没有选取思政教育中不同的载体和表现形式，将它们与工匠精神的培育切实地联系起来，导致工匠精神培养的思政教育体系的不成熟，难以科学系统地教授与培养学生工匠精神。另外，落后的教学内容和传统的教学方式，早就无法适应思政教育中工匠精神的培养了，教学内容不够丰富无法体现工匠精神中技能与职业素养的基本内涵，"很多学校课程设置还处于'公共基础课—专业基础课—专业课'的'老三段'模式"[1]；思政教育应该为工

---

[1] 何玉海.关于"课程思政"的本质内涵与实现路径的探索[J].思想理论教育导刊，2019（10）：130-134.

匠精神的培养提供足够的理论支撑，但传统的课堂教学内容无法与时代接轨，对实践技能锻炼及职业素养培育缺乏必要重视，工匠精神融入思政课教学缺乏必要的载体和有效的方式，一些学生无法通过参与思想政治教育形成对工匠精神的深刻认同，阻碍思想政治教育育人实效的全面提升。导致工匠精神的教学也举步维艰，从深层来看，出现上述问题的原因在于部分院校对工匠精神培育重视程度不足，工匠精神无法真正实现与思想政治教育育人过程的有机融合。

（三）传统观念桎梏导致工匠精神培育的社会认同弱化

"劳心者治人，劳力者治于人""学而优则仕"的传统思想一直影响着人们价值观、求学观、择业观的判断选择。从"范进中举喜极而疯"的科举制度到今天公务员和事业编制岗位报考的火爆，人们崇尚吃"公家饭"、有"铁饭碗""有地位有面子"，且职业稳定，这种传统思想已经根深蒂固地融入了人们的血液之中。而在现实认知中，工匠被单纯理解为"手艺人"、生产一线工人，从事着重复性的工作，比较单调、辛苦，被分层为体力劳动者，社会地位低，在认知上被边缘化。这种认知观念外化在人们的行为上，一是家长不惜一切代价提升孩子的学习成绩，考211、985等重点大学，至少也要考上普通本科院校，而上专业院校实属学生、家长不情愿的选择；二是职业选择上首先是考公务员、事业编制或国企，进一般企业是不得已的选择。传统观念对工匠的片面认知与现实功利性价值选择的交融，弱化了人们对工匠精神培育的社会认同。

（四）培养模式单一化，缺乏实践性

在高校开展工匠精神培养工作，最有效的办法就是将理论与实践充分融合，从而构成一种系统化、体系化的培养模式。但是目前从实际情况看，我国高校大多数都存在理论知识与实践发展不平衡现象，具体表现为工匠精神的培育主要是融合渗透在思想政治理论课当中，并没有进行具体的教学活动，同时也没有开展多种形式的工匠精神教学模式，从而导致培育形式单一化现象出现，没有发挥出其实际效果。这种工匠精

神教育形式下，无法有效激发大学生潜在的优秀品质和精神。绝大部分高校还没有对工匠精神的具体教学体系进行有效开发，从而导致大学生不能对新时代工匠精神的内涵进行有效学习，保证学习效果的系统性、全面性和针对性。

（五）工匠精神融入高校思想政治教育的师资力量不够

要弘扬工匠精神，就必须要有具备工匠精神的工匠型的思想政治教育教师队伍，教师作为思想政治教育的实施主体，教师问题也是当前高校教育领域一个突出的问题。具体表现在：一是在专业课程教学上，绝大多数的高校教师都是来源于普通高校的本科生或者硕士研究生，而非企业，在专业技术技能训练方面存在明显的储备不足。双师型教师在高校的比例非常低。专业教师本身就不是工匠，而要他们将以工匠精神为内容的思政教育融入专业课程，培育工匠、传授工匠精神，其难度可想而知。二是在思想政治教育队伍上，大部分高校思想政治教育教师都是马克思主义类专业毕业生，在对学生专业技能知识的了解上存在极大的不足，因此，对学生不同专业类的工匠及工匠精神的了解缺乏针对性。例如，双创教育游离于专业教育教学之外，并未实现与专业教育的有机融合，与专业教育"两张皮"现象严重，工匠精神的传承与培养自然也无从谈起。

（六）大学生对工匠精神的内化积极性不高且自主学习探究能力有限

学生是高校工匠精神培育的核心。目前，以学生为中心的教育理念虽然在高校被积极倡导，但大学生由于自身阅历等因素决定了他们对工匠精神了解不多，而且学习积极性不高，影响了工匠精神的教育效果。在校园文化建设中，没有把学生学习生活中的吃苦精神和严谨作风等与工匠精神紧密相关的行为习惯养成纳入其中。

另一方面，当代青年大学生属于在社会的包容、父母长辈的呵护、表扬、认可中成长的一代，思想活跃、个性鲜明，接触和尝试新事物的积极性高，善于用与众不同的方式获得自我认可，善于抓住机会展示和表现自己，但大部分很少经历反对与否定，长时间养成的"我是对的，我没错"的心理暗示，在受到批评、质疑或者否定时，往往会以极端的方式应对，缺少专注坚守、持之以恒、精益求精的品质，直接影响工匠精神中的职业认同感、职业使命感和职业忠诚度。

最后，受大学生自身能力的局限，大学生多年学习经验已经让他们习惯了填鸭式的教学方式，在思政课教学中融入工匠精神内容，大学生一时之间难以接受，而且大学生也习惯了学习理论知识，对于专业技能的学习和掌握效果远不如理论层面的学习，他们自身的科研意识与探究意识也是比较弱的，这对于工匠精神的学习和应用也会产生一定的负面影响。

三、当前高校思政课教育中工匠精神缺失的成因剖析

高校思想政治教育置身于我国社会发展的宏观环境中，又有学校、家庭及学生自身的参与，思想政治教育效果势必受到内外部复杂综合环境的影响。分析工匠精神融入高校思想政治教育困境的原因，势必不能忽略其所处的环境，必须将高校思想政治教育置身于国家、社会、家庭、学校等宏观或微观环境进行综合分析。在过去很长一段时间中，工匠精神一直难以引起人们的重视，无论是在高等职业教育中，还是在社会企业的劳动生产中都处于次要位置，甚至成为阻碍企业快速发展的因素。

这种企业与教育中的"负反馈效应"加剧了社会、企业、学校对工匠精神的忽视，进而在高校教育中工匠精神的培育也成为盲区。追寻工匠精神缺失的宏观原因，可以从传统教育因素、社会经济因素、社会认同因素等几个方面进行分析。此外，人作为劳动的主体，在社会生产中也占据着主导地位，培育具有工匠精神的劳动者从微观视角来看，必然受到劳动者的微观环境的最直接影响，影响着劳动者工匠精神的形成。因此，学校因素、家庭因素及劳动者个体因素是影响劳动者工匠精神形成的主要微观方面。

（一）躬身工匠事业的社会认同感和职业荣誉感不强

我国的快速发展离不开制造业的贡献，特别是自2001年加入WTO

以来，我国随着这股制造业东风顺势而起，开始进入快速发展时代。如今，曾经肩负起兴邦重任的制造业却面临着前所未有的危机。据数据显示，我国存在2000万以上的高级技工缺口，大量企业长期存在用工荒的问题。后继无人正是当下制造业最真实的写照。

对于"爱情面包论"，相信大家都不会陌生，如果放在制造业当中也同样适用。近年来，工匠精神成为出现在大众面前的高频词，工匠精神代表着坚定执着，代表着愿为事业付出一切，不计较个人得失，坚持数十年如一日做着同样的事，只为自己所专注的事业。然而，在宣扬工匠精神的同时，不少地方和单位工匠精神培育多停留在空谈理论，缺乏政策制度的有效变革、评价标准的刚性扭转、培育主体的利益保障。对职业技术工作者还存在偏见和歧视，工匠容易被设定为缺少高端技术、收入水平不高的人群。这些因素也导致高校学生在就业、落户、表彰、晋升等切身利益上遭受歧视，缺乏职业认同感和荣誉感。

（二）工匠精神培育导向存在偏移错位倾向

回首我国改革开放几十年来的发展历程，市场经济在我国蓬勃发展，低端的加工为我国经济发展贡献了较为丰厚的原始积累，但也主要以消耗大量的廉价劳动力、土地、自然环境等要素为代价。在长期的经济发展中，逐利性在社会中从未减弱，经济效益至上的理念长期成为企业的发展理念，在"短平快""走捷径"思想的驱动下，企业及个人快速获得回报的理念深入社会及个体的思想中，精益求精的工匠精神逐渐缺失。单纯追求利益最大化，追求规模扩大化，只看重结果，不注重细节，加上目前我国知识产权保护的法制还不够健全，造成粗制滥造和假冒伪劣产品在市场中泛滥，甚至出现"劣币驱逐良币"的现象。高校还存在培育工匠精神的定力不够，刻意迎合市场，选设热门专业，忽视专注敬业的长远培养；不少学生存在"上大学求文凭、学技术谋出路"的想法，缺乏长远的职业追求和认真负责、精益求精的职业操守。

（三）工匠精神实践锻造缺乏合力和实效

在一定程度上，工匠精神的培育是短期难以见效的长远工作，容易成为各责任主体忽略的建设盲区。政府、校企、师生对工匠精神的共育共建不够，校企合作的双方利益诉求缺乏有效结合点，对学生实习实训缺乏共同参与、紧密互动；高校教师队伍实践经历整体还不够丰富，相应的对口培训渠道和频次不够多。

随着时代的发展和变迁，高校工匠精神培育工作也要满足社会发展的各种需求，在原有基础上不断创新培育方法。从目前形势上来说，我国现阶段高校大学生工匠精神的培育工作缺乏创新性，不能将理论知识与实践经验进行很好的结合，学生在课堂上始终处于被动接受知识的状态，在一定程度上缺乏对工匠精神内涵的深刻理解和学习，最终导致降低了学生对工匠精神学习的积极性和自主性，在此基础上，由于大学阶段学生还没有认真履行社会主义核心价值观的切实意义，同时也没有建立较强的社会责任感，如果高校没有做好工匠精神的相关培育工作，则不利于大学生的全面健康发展。

（四）挖掘内外资源形成培育特色和优势不够

榜样是一种任何教科书、道德箴言和奖惩制度都无法替代的教育力量，课程思政要特别发挥好榜样的力量。

首先是本专业领域的"名人"。通过"名人"的使命担当及执着专注、精益求精、一丝不苟、追求卓越的精神，加强精神层面潜移默化的教育。高校挖掘属地红色资源培育工匠精神还有较大空间，往往高校的工匠精神教育只停留在案例阶段，并没有深入挖掘当地优秀劳模、工匠，无法达成让学生在现场观看各行业人才在生产、服务活动中练就的特殊技艺或技能。聚力打造知名专精特新的工匠技能平台和载体还需持续发力；企业员工、退役军人、农民工、新型职业农民等群体蕴藏的专业技能优势和资源未能得到有效开发和利用。

其次，是对校友榜样的作用认识不到位。校友资源是人才培养效果的真实写照，也是取之不尽用之不竭的育人资源。学缘上的同源性使校友榜样对在校生更有吸引力、感染力和号召力，校友榜样故事是课程思政重要的教育和宣传的文化载体。目前高校校友工作大多还处于起步探索阶段，有的高校是因为考核需要被迫设立校友办，多挂靠学生工作部或就业指导中心，没有安排实质性工作，没有专职人员或仅有少数工作人员，无法顺利开展校友工作。缺乏有效沟通和交流机制导致一些普通行业的工匠人才没有被挖掘成为榜样力量。

综上所述，在应用型人才培养教育中融入工匠精神具有十分重要的现实意义，既有利于推动制造产业的转型与升级，同时也有利于应用型人才培养院校的发展与应用型学生的就业。但从实际情况来看，工匠精神在应用型人才培养院校中的培育过程并不顺利。因此，高校应当依托专业特色，构建工匠精神人才培养机制，落实课程思政改革，促进思政课程全方位创新，从而全面提升学生的职业道德与专业技能。

第三章　工匠精神培育背景下高校思政课程
创新的原则及重要遵循

习近平总书记在中国人民大学考察时，对学校立足自身优势，不断推进思政课教学改革创新，打造高精尖水平思政课的做法表示肯定。他强调，思想政治理论课能否在立德树人中发挥应有作用，关键看重视不重视、适应不适应、做得好不好。思想政治理论课承担着培养复兴栋梁、时代先锋的历史重任，要把青年学生培养成为理想远大、品德高尚、勇于担当的时代新人。所有的改革创新都仅是思政课之"器"，而思政课的根本之"道"则在于提高大学生的政治认同。即思政课改革创新的根本目的是引领大学生真正拥护中国共产党的领导、拥护中国特色社会主义道路，成长为中国特色社会主义事业的合格建设者和可靠接班人。为达到这一目的，工匠精神培育背景下高校思政课程创新必须牢牢把握以下原则及重要遵循。

第一节　工匠精神培育背景下高校思政课程
创新的原则

在工匠精神融入高校思政课教学的过程中，高校思政课教学也迎来了教学创新的契机。在思政课教学创新的过程中也遵守相应的原则，这些原则的遵守促进了高校思政课教学的顺利开展。

一、坚持针对性原则

思想政治教育方法创新过程中必须坚持的一项最基本原则是针对性原则。在进行思想政治教育方法创新时，如果没有针对性，就会比较盲目。在方法创新上必须要做到两点：一是对那些和新时代的发展要求不和谐的思想政治教育方法进行改革和创新；二是根据当前改革开放和社会主义建设中出现的新情况、新问题，根据大学生思维和观念发生的新变化和出现的新问题，有目的性和针对性地探索出适合对大学生进行思想政治教育的新教学手段和方法。做到以上两点就可以提高教育方法创新的有效性，更好地解决大学生的学习和生活中存在的思想问题和认识，提高大学生的思想政治素质。

高校思政课程是做大学生思想认识的转化与提高的工作，我们面对的是极其丰富与鲜活的大学生群体，而大学生的思想认识与产生原因可谓千变万化、各不相同，且随着社会形势、生活环境、生理心理变化等而呈现不断发展变化的趋势。高校思想政治教育工作者如果用一种"放之四海而皆准"的办法去对待与处理，那就会落入刻舟求剑、南辕北辙的困境。例如，针对大学生普遍存在的趋利性特点，需要我们正视现实，在肯定物质利益激励作用的同时，积极引导学生怀匠心、铸匠魂、守匠情、践匠行，为此才能产生教育实效。

在工匠精神融入高校思政课创新过程中，要针对学生的个体差异，在对工匠精神内容的讲解中，避免出现单一、片面的内容讲授。学生的专业不一样，需求也有差异，思政课作为公共课，教学一定要站在全体学生的角度，针对不同专业的学生，做到因材施教。比如艺术类学生才艺强，但文化基础相对弱一点，给他们授课就要针对他们的特点，用适合他们的学习方式，可以用大国工匠的案例引领或相关微视频的形式切入，亦可以借助历史上著名的技艺巧匠案例说明他们不仅有超群的特殊技艺，更有令人佩服的匠人精神和品质。古代土木建筑的祖师爷鲁班创造发明了曲尺、墨斗、刨子，奚仲能造车，虞驹会作舟，等等，他们都体现了创新思维品质和崇高信念。在他们身上都体现着工匠精神中所蕴含的无私奉献、坚毅执着、精益求精、勇敢担当的理想信念，而这正是艺术设计人才需要的理想信念。重视对学生自我理想信念的隐性灌输，调动他们的积极性，让思政课堂"活"起来、"潮"起来，从而实现真正的入脑入心。目前，在工匠精神融入高校思政课教学过程中，应当以具体的人物事例为抓手，先引发学生对于某一具体事例、人物的思考，再针对学生的观念、认识及理解，由教师进行指正。在这个过程中，以完整、详细的内容讲解为主，辅之以课堂讨论、案例分析。

深入挖掘学科专业的育人元素，紧紧围绕落实立德树人根本任务，深化校内合作、校地合作、校校合作，构建校内校外联动机制，推动课程思政与思政课程同向同行。通过开展思政课教师对接学院、对接专业、对接专业课教师等"结对子"活动，创新方式方法，充分挖掘不同学科专业的工匠精神育人元素，用活专业资源，用"大思政课"铸魂育人。例如，针对紧密对接的土木工程专业，开展特色鲜明的教学活动，强化土木建筑"工匠"培养。学校积极开展特色鲜明的教学活动，充分发挥其指导作用、渗透作用，将匠心内化于学生的信仰与追求中，将匠品有机融入土木建筑学生的职业道德教育，将匠艺追求与锻造注入土木建筑课程，注重高水平、高品质的人才培养，汇聚育人合力，提升育人成效。

二、坚持目标性原则

精准原则要求工匠精神融入思政教育过程中要找准落脚点和切入点，做到潜移默化、润物无声，在准确无误中提升思政教育水平。

工匠精神说到底是一种职业精神，是在职业生涯中所形成的优良的品质。在高校思政中融入工匠精神就是在职业教育中融入工匠精神的内容。把工匠精神融入思想政治教育内容就是把工匠精神中的精益求精的精神融入学生思想政治方面的教育中，高校思政教育是目前高校培养学生思想政治方面的主要阵地，通过思政课把工匠精神的内容融入思政课内容中，是通过开展工匠精神教育让学生能够把握工匠精神的内涵，来提高大学生对职业道德和职业美德的培育，更是通过思政教育把工匠精神中的精益求精的精神继续发扬和传承。

在汉语里，"使命"的内涵丰富。使命，指出使的人所领受的任务；应负的责任。《左传·昭公十六年》："会朝之不敬，使命之不听，取陵于大国，罢民而无功，罪及而弗知，侨之耻也。"本文"使命"一词主要指任务、责任。目前，我国高校学生特点的特殊性决定了我们培养工匠精神工作的艰巨性。在技工院校，有相当一部分学生缺乏学习的目标，责任意识淡薄，对于未来充满迷茫。针对这种情况，教师应在学生入学之初开展目标教育。将学习目标教育与责任感教育融合起来，使学习目标使命化。例如，很多专业的学生，当你问他们的学习目标是什么，他们往往会说"好好学习，将来找一份好工作"或者"学好专业技能"，从中我们很难感受到学习的使命感，很难相信他们将来会成长为"大国工匠"。如果学生把学习目标教育与责任感教育结合起来，设定为"通过学习专业技能，提高中国产品质量，改变世人对中国产品低质廉价的印象"，我们就很容易感受到学生学习本专业的使命感。因此在教学过程中，创新要围绕培养"大国工匠"的目标展开。融入工匠精神相关思政元素要以学生关注的、鲜活的现实问题为切入点，以课堂为出发点，因势利导，鼓励学生个人或团队做延伸性学习或研究。教师要引导学生认识，所谓艺无止境、推陈出新。杰出的工匠永远不会停步不前，他们会利用自己已有的知识、技能和物质条件勇攀高峰，改进或创造新的产品。只要结合专业，引导学生思考和探究、实践，就能做到思政与专业相长，达到事半功倍的育人效果。

三、坚持前瞻性和主动性原则

高校思政课程创新工作要有前瞻性，要立足现实、放眼未来，要有主动性，对大学生阶段性的思想动态及其可能出现的问题，主动及时做好教育疏导工作，采取积极措施防患于未然。对思想政治教育活动的对象和问题进行全面、立体、多层的调研，在此基础上形成思想政治教育工作有效运行机制，体现教育者对该工作主动性的科学认知，这是高校思想政治教育工作主动性和前瞻性的基础。深入的调研活动在先，继之以周密筹划组织、精心安排，再以选择恰当时机、地点等以创设良好环境和氛围，施以精心的对话交流与沟通，进而达到和实现思想政治教育活动的目标与目的。思政课教师和专业课教师的密切合作，这一点在"课程思政"开展的初期尤为重要。专业课教师在提升自己的思政素养和能力的同时，也需要"探矿专家"思政课教师的指引和帮助，需要思政课教师和专业课教师的密切合作。为此，高校应该搭建便利两类教师合作的平台，创新管理体制机制，鼓励多种形式的合作，如集体讨论备课、召开专题研讨、合作撰写论文和申报课题等。

四、坚持适当性和自主性原则

工匠精神中蕴含着丰富的传统文化，在对工匠精神内容的讲解中，应采用更加全面、完善的方式，给学生建立完整的体系，深入理解工匠精神的发展沿革、内涵。在教学的过程中，教师采用更为恰当的方式，而不是采取强制性的方式，让学生增加学习的自主性。通过学生的自主性学习，增加学习的效率。同时，针对学生的特点采用适当的教育方式，能增加学生对工匠精神的接受度。在教学的过程中，选择恰当的时机将相关理论对学生进行讲授。在高校思政课教学的课堂上应当避免出现对知识的生搬硬套，要针对高校思政课程的具体内容，适时地将工匠精神融入其中，只有这样才能达到事半功倍的效果。同时，结合具体的课程内容不仅可以增加学生对高校思政课程内容的理解，还可以更好地理解工匠精神的内涵。

工匠精神是高校思政课教学的重要内容之一，在教学的过程中要坚持适度的原则，避免因工匠精神的教学而出现对其他重要教学内容的忽视。工匠精神融入高校思政课教学的教学改革当坚持符合适时、适当、适度的原则，使高校思政课教学能在培育工匠精神的教学过程中，促进思政课教学改革进程得到稳步提升。

五、坚持方式融合性原则

一枝独秀不是春，百花齐放春满园。融合性是课程思政建设遵循另一重要原则，其强调高校在发挥各类课程独特育人优势的同时，发挥思政课程价值引领作用，探索专业课程价值与科学的链接点、搭建通识课程自然与人文相交的桥梁、打造"全员—全过程—全方位"三位一体的"大思政课"人才培养体系和各类课程之间的融通体系。首先，各课程教学目标的融合。立足"培养什么人，怎样培养人，为谁培养人"的人才培养根本目标，侧重价值目标改革，把各类课程的教学目标更加关注培养学生的工匠精神，帮助学生树立崇高职业理想信念，锤炼执着专注、精益求精、一丝不苟、追求卓越的品格，践行价值准则，提升职业素养，使学生成为具备新时代工匠精神的时代新人。注重在知识目标和能力目标中彰显价值引领，在价值目标传播中凝聚知识和蕴含能力培育。其次，各课程教学内容的融合。在各课程教学过程中，强调专业知识教育和思想政治教育相结合。"教师要深挖专业课程中蕴含的显性和隐性工匠精神思政资源"[1]，将思政教育元素融入专业课教学内容，并与各类课程教学知识内容紧紧贴合在一起，达到课程育人的效果。最后，各课程教学方法的融合。由于各课程性质不同，课程思政的教学方法也不同，当代大学生的成长环境和思想特点是制定教学方法的出发点，无论是第一、二课堂的协作串联，还是线上线下合力联动，只有有机融合才能更好地实现课程思政的育人功效。

六、坚持日常性原则

讲好一节思政课、组织好一次思政课实践活动并不难，难的是讲好每节课、上好整门课。近几年，在教育部组织的"高校思政课教学质量年"等活动中，专家采用"飞行听课"随机抽查的方式，检验高校思政课的教学效果，目的是调研高校思政课的"素颜"和"常态"。这从一个侧面说明，课堂教学是思政课的基础和生命线，思政课创新的重点应放在日常教学环节。

---

① 张小云.新时代工匠精神与高校思政课教师队伍建设初探[J].学校党建与思想教育，2018（12）：72-73+91.

（一）日常教学要处理好"面"与"点"的关系

之所以强调日常教学的重要性，是因为只一两次的重要创新性活动能"锦上添花"，却不能解决课程的根本性问题。扎实做好思政课日常教学，首先要处理好"面"与"点"的关系，具体来说，就是坚持"两点论"和"重点论"相统一的唯物辩证法，牢牢把握全面推进与重点突破的关系，既追求课程教学的全面系统性，又要有所侧重。一方面，日常教学要做到内容全覆盖、任务全落实，各课程、各教学板块在具体推进时要前后衔接、左右配合、内在贯通，避免虎头蛇尾、顾此失彼、各自为政，最终使每门课程的各板块和各门课程之间形成系统合力，共同作用于学生头脑。另一方面，在处理每门课程的各板块、各知识点时不能平均用力，要分清主次、突出重点、突破难点，抓住学生最关注或最困惑的关键点，以重点问题的"一点通"，带动课程创新的"满盘活"。

（二）日常教学要处理好"常"与"新"的关系

日常教学以教室和课堂为主要空间场域，以平时为主要时间场域，以讲授、讨论等为主要教学方式，凸显思政课的常规做法和常态效果。因此它体现的是一个"常"字，强调要把功夫做在平时，切实抓好思政课课堂的每一个环节，探索思政课常态化的教学规律。但是平常并不意味着平淡。思政课日常教学中要处理好"常"与"新"的关系，既要抓实、抓细、抓好日常性和常态化的教学，又要善于抓住特殊契机，利用特殊资源进行教学创新和教育强化。如可以利用五一劳动节等契机，开展"中华手艺人"主题教育活动；可以利用五四青年节、七一建党节、十一国庆节等重要历史事件纪念日，开展"学习榜样精神、培育大国工匠"主题教育活动；可以利用"大国工匠年度人物"发布活动，开展"争做大国工匠，不负历史选择"主题教育活动；可以利用开学季、毕业礼等重要仪式活动，开展"成长成才、价值引领"主题教育活动；等等。这些活动可以突破日常课堂教学的时空场域，采取实地体验、文艺展演等更为丰富的形式，融入更多的教育资源，这既是对日常教学"常"态的突破，更是对日常教学"常"态的有益补充。

第二节　工匠精神培育背景下高校思政 课程创新的重要遵循

纵向回顾，党的十八大以来，习近平总书记有关思想政治理论教育的重要讲话有三次：2016 年的全国高校思想政治工作会议、2018 年的全国教育大会、2019 年的学校思想政治理论课教师座谈会。仔细分析，不难发现这些讲话均蕴含着丰富的创新思维。从高校思政工作会议到全国教育大会（思政工作是其中的重要组成部分），再到思政教师座谈会，由点及面，体现了创新思维由准备、构思到创新突破的全过程。在内容上，它们是以习近平同志为核心的党中央就我国思想政治教育工作中存在的问题开展充分调研、进行系统梳理，并致力提供方向指引和解决方案的严密逻辑化的思考，同时也蕴含着决策者独特的灵感、联想、顿悟等非逻辑智慧，这些智慧和逻辑思考一起成为推动中国思想政治理论教育创新求进的巨大力量。"八个相统一"具有丰富的理论内涵，是思想政治理论课教育教学规律的集中体现，是高校思政课程守正创新的理论指南和行动纲领，是新时代高校思政课程改革创新的重要遵循。高校思政课程教师要用"八个相统一"来创新思想政治课教学，担当起思政课教师应有的责任，用心教学，精心育人，努力提高思想政治理论课教育教学质量。

一、坚持政治性和学理性相统一

习近平总书记主持召开学校思想政治理论课教师座谈会时指出，"要坚持政治性和学理性相统一"。坚持政治性与学理性统一，是高校思政课程的本质属性，是高校思政课教师立德树人的使命呈现。高校思政课程既要通过透彻的学理分析给学生释疑解惑、回应学生，同时还要用真理的强大力量引导学生、教育学生。

高校思政课程教学不仅要让学生理解和掌握教师所教授的内容，更重要的是要体现它的思想政治教育功能，让大学生掌握思想政治理论课的教学内容，学会运用马克思主义理论分析问题。所以，高校思政课教学必须坚持思想政治教育目标第一位原则，坚持正确的舆论导向，用科学的思想理论武装学生的头脑，使大学生系统地掌握马克思主义、中国特色社会主义理论。高校思政课程教学必须服务于政治性的教学目的，更好地突出和体现这一主题。

高校思政课教学的学理性是政治性的重要支撑。思政课加强学理性教学可以使大学生在学习掌握思想政治理论课教学内容的同时，能深刻理解其内在的逻辑性，知其然并知其所以然。高校思政课程政治性功能的实现渗透于学理性之中，并依靠学理性来体现。所以高校思政课程要重视学理性教学。坚持学理性，就是要善于用学理阐释政理，帮助、引导学生通过学理分析，掌握正确的思维方法，更深刻地理解政理、认同政理。思政课教师要用通俗化的语言解读教材中的基本概念和基本原理，使大学生深刻理解教学内容。思政课教师要有深厚的理论功底，对教学内容如数家珍，能以马克思主义科学理论为基础，"以透彻的学理性分析系统地传授思想政治理论课的教学内容，解惑释疑"①，增强课堂教学的说服力和感染力。

加强思想政治理论课的学理性教学，把蕴含在理论中的政治性功能加以挖掘和提升，能够使学生经过课程学习，学会运用马克思主义的立场观点和方法来认识和理解社会现实问题，思考人生的价值，能够有效激发大学生学理论、用理论的浓厚兴趣，使学生学会思想、拥有思想，为未来的发展打下坚实的政治理论和思想认识基础。学理性使思想政治理论课具有了内在逻辑力量，这种力量可以深入学生的心灵，以理服人，促进学生"灵魂的转向"，促进思想政治理论课教学的政治性。反过来，高校思政课程教学政治性功能也会促进学理性。高校思政课程教学强化政治性教学，有助于激发大学生认真学习理论的浓厚兴趣，有助于促进大学生在理论素养、学理层次上实现升华。

---

①蒋瑾，杨蔚宁.高校思想政治教育中工匠精神培育路径探析[J].佳木斯大学社会科学学报，2020，38（03）：67-71.

所以，在思政课堂教学的过程中，教师要注意不能片面化，让学生的理解产生偏差。需要培养学生良好的教育理念和热爱专业的学习动机，使学生可以具备较高的职业素养以及敢于迎难而上的学习品质，明白在学中干、干中悟，并以工匠精神为基础使学生发展成为工匠人才。

二、坚持价值性和知识性相统一

习近平总书记指出，思政课教学"要坚持价值性和知识性相统一"。这一论断表明，思想政治理论课教学，既要传授知识，又要进行价值观教育，要把二者紧密结合起来，寓价值观教育于知识传授之中。

高校思政课程作为大学生的必修课程，具有科学的理论体系和完整的教学内容，担负着知识传授的任务。大学生只有在深刻理解、认同工匠精神的基础上，才能真正形成工匠精神，在未来的职业生涯中践行工匠精神。不学好本专业的基础知识，就很难培养出重知识、善技能、创新型的产业大军；对我们国家的千百年来技艺工匠的劳动实践即其生产的物质文明成果的历史一无所知，是很难培养起自觉的工匠精神的。所以，高校思政课程教学中知识传授是一个重要环节。

高校思政课程教学目的不仅是传授给大学生马克思主义理论知识，更重要的是要加强大学生价值观教育，引导大学生树立和践行社会主义核心价值观。应当看到，在思政课教学中实现价值性与知识性的统一，是教育实践活动规律的必然要求，是思政课改革创新的根本遵循，也是思政课改革创新的现实诉求。只有寓价值观引导于知识传授之中，才能落实思想政治理论课立德树人的根本任务，促进大学生树立社会主义核心价值观。

高校思政课程教学要在知识传授的同时强化价值观教育，引导大学生树立正确的价值观，引导大学生把实现自我价值与服务祖国人民有机结合起来，把个人理想融入社会理想，把个人智慧融入集体智慧，把个人力量融入集体力量，在自觉服务祖国和人民、实现社会价值的过程中实现自我价值。

高校思政课程教学寓价值观引导于知识传授之中，要求教师不仅要把思想政治理论当作科学的知识体系来传授，更要当作正确的价值体系来促进大学生内化于心，真正发挥思想政治理论课的思想教育功能，把大学生思想政治理论课学习与提高自身思想政治素质结合起来，促进学生的全面发展和健康成长。

思政课教师在知识传授的同时把价值观教育贯穿其中，让学生认识到劳动是一切幸福的源泉，是推动人类社会进步的根本力量。我国今天的发展成就，是广大人民群众在中国共产党的带领下，不畏艰苦、辛勤劳动、努力创造取得的。在长期实践中，各行各业涌现了一大批爱岗敬业、锐意创新、勇于担当、无私奉献的先进人物，他们在平凡的岗位上创造了不平凡的业绩，以实际行动展现了爱岗敬业、争创一流、艰苦奋斗、勇于创新、淡泊名利、甘于奉献的劳模精神，崇尚劳动、热爱劳动、辛勤劳动、诚实劳动的劳动精神，执着专注、精益求精、一丝不苟、追求卓越的工匠精神，为我们树立了学习的榜样。不仅使价值观教育更具有智慧，更具有艺术性，也使工匠精神具有感染力和影响力。

借助一定手段提高学生的职业认同感也是高校思政课创新的一个方向。以认知的层面对职业认同感进行分析，是指学生对于自己所学专业以及日后身处行业有一种信任感和归属感；以情感的层面对职业认同感进行分析，是指学生在内心深处认为自己的行业可以达到自己心中的期许，所以在情感上始终抱有一种自豪感；以行业的层面对职业认同感进行分析，是指学生认同日后所从事工作的职业价值观。拥有职业认同感的人，才会努力地做好自己的本职工作。学生只有具备良好的职业认同感，那么在日后的工作过程中，他们才会热爱工作，始终保持着工作的进取心。根据2019年"高职学生职业认同调查研究问卷"可以发现，有一部分学生表示"自己不一定会从事什么工作"，还有一部分学生表示"自己日后绝对不会从事自己所学的专业"。由此可见，学生对于职业的认同感并不是很理想，让学生认同自己的专业是培养工匠精神的关键。时代在发展进步，年轻人的价值观念也逐步发生了变化，他们不喜欢传统，更喜欢追求刺激和新鲜感，喜欢快速得到利益。高校学生尤其是高职院校学生在企业中一般都属于一线工作人员，而一线工作人员的进步空间相对比较小，升职速度比较慢，需要一定的成长周期。在这个过程中，许多人会觉得身心疲惫，再加上社会认同度较低，就会导致其对于工作丧失信心，失去对工作的规划。因此，只有让学生发自内心地爱上自己的工作，才能使他们在工作中发挥工匠精神。教师可以发挥榜样的作用，可以邀请工作中表现优异、工作能力强、综合素质高的校友回到学校和学生进行交流，分享自己的心得和经验，充分发挥榜样的带头作用，使学生重燃对专业的信心，重新规划自己未来的职业生涯，激发掌握职业技能的激情。

三、坚持建设性和批判性相统一

习近平总书记指出，思政课教学"要坚持建设性和批判性相统一"。这一论断表明，思想政治理论课教学不仅要弘扬主旋律，传导主流意识形态，传递正能量，而且还要直面各种错误观点和思潮，批判错误观点和思潮，引导大学生坚信马克思主义。

意识形态斗争是看不见硝烟的斗争，意识形态工作始终是我们党的一项极端重要的工作。高校思政课程作为高校宣传马克思主义的主阵地，要大力宣传主流意识形态。

在当今信息时代的背景下，信息技术发展是前所未有的。网络上传播的一些信息鱼龙混杂、良莠不齐。一些社会思潮和价值取向异常活跃、激荡多变，呈现多元化趋势，在这个光怪陆离的时代里，以 AI 技术养猪、无人驾驶汽车、无人超市等等，已经以润物细无声的方式，慢慢地嵌入到人类的生活当中。资本主义思维模式对国人思维的侵蚀，形成唯功利主义倾向，人们逐渐成为了逐利的工具。各行各业为了抢占市场先机，无限地追求"短、平、快"效益，在某种程度上忽视了产品的品质灵魂。这些负面信息威胁到大学生的身心健康，所以，高校思政课程教学应置于信息时代的大环境下来考虑这些问题，直面各种错误观点和思潮，教会大学生批判性思维，使他们在信息的海洋里能够经受各种诱惑，做一个立场坚定、具有职业素养的大学生。因此，高校思政课程教学要重塑工匠精神的正向能量。思想政治理论课教师要从社会现实和学生思想实际出发，解释、分析和评价现实问题，与各种错误思潮和思想观点展开对话、交锋。也就是说，高校思想政治课教学要坚持建设性和批判性相统一，坚持有褒有批、有思想交锋，在同各种错误思潮斗争的过程中批判错误观点，引导大学生抵御西方错误价值观念的冲击，澄清大学生的模糊认识，防止负面社会现象对学生思想认识的影响。

四、坚持理论性和实践性相统一

习近平总书记指出，思政课教学"要坚持理论性和实践性相统一"。高校思政课程是用习近平新时代中国特色社会主义思想铸魂育人，其理论性不言而喻。

思政课教材中的基本概念、基本原理，其语言强调规范而不可能追求生动鲜活，教学内容比较抽象。因此，"思政课教师在讲授高校思政课程的主要内容时，既要注重教学内容本身的理论阐述，又要紧密联系国家大政方针和学生日常生活实际"①，例如在讲授时，要注意结合国家出台的大力培养新时代工匠的相关政策，以及新时代大国工匠的不平凡事迹，这样才能使大学生在结合现实的过程中加深对知识的理解，才能把理论讲深、讲透、讲活，使大学生做到真学、真懂、真信、真用。而要做到这一点，教师既要广泛联系社会发展的实际情况，又要紧密结合学生个人的实际情况；既要能够将思政课的理论知识同社会实践结合起来，又要能够使得思政课理论与实践的结合被学生所理解、接受、喜爱。

高校思政课程除了强化理论教学外还要重视实践教学，要把思政小课堂同社会大课堂结合起来。理论教学只能使学生获得间接经验、初步形成理论认知，要将间接经验转化为直接经验、将理论认知内化为行为能力和身心素质，就要通过实践活动来实现。所以，高校思想政治课要重视实践性，强化实践教学以提升教学效果。实践教学是理论教学的延伸，是走出书本感悟知识。工匠精神培育融入高校思政课教学的创新更要重视实践在其中发挥的重要价值。教师可以组织学生走出校门，到科

① 郭春芳.高校思想政治教育中融入工匠精神的实践与思考[J].黑河学院学报，2019，10（02）：56-58.

研生产一线开展实践活动，并开展社会调查、志愿服务、公益活动等丰富多彩的实践活动，以增进学生对社会及我国国情的认识及了解，提升学生的综合能力，为学生迈入社会奠定良好的基础，以免学生在毕业后无所适从，并在社会实践中锻炼学生吃苦耐劳、追求卓越等优良品质，提升学生的社会责任感及综合能力。

总之，高校思政课程教学要坚持理论性和实践性相统一。坚持理论性是坚持实践性的必要准备。没有理论教学，学生无法系统掌握专业技能，无从依靠理论指导实践活动。在实践教学上，必须做到以思想政治理论指导学生的实践，让学生在实践中感悟理论。实践教学是理论教学的拓展和延伸，必须置于思想政治理论课程体系视野下。实践教学可以使学生深入现实中去发现、思考和解决问题，深化学生对课堂教学内容的理解和认识，提高大学生躬身实践、解决问题的能力。

五、坚持统一性和多样性相统一

习近平总书记指出，思政课教学"要坚持统一性和多样性相统一"。高校思政课程是大学生的必修课程，由教育部规定统一使用马克思主义理论研究和建设工程编写的重点教材，在教学目标、课程设置、教学内容、教学管理和学分安排等方面有统一要求。这是高校思政课程教学的立足点，是加强和改进思想政治理论课的基本前提。

虽然教材是统一的，但是将教材转化为教学体系，具体的教学模式可以各具特色。高校思政课程教学要在坚持统一性要求的基础上，要将工匠精神的相关内容引入到高校思政课教学当中来，思政课教师就需要积极主动去作出创新和改变，要一改以往的理念和方式，进一步创新和优化具体课程教学形式，对工匠精神的内涵与来源进行深入研究，了解大学生的思想变动情况来不断改变和调整课程教学的方式，多引入和应用更多更具新颖性的教学方式，灵活运用启发式教学法、案例教学法、专题教学法以及课堂讨论、演讲、辩论等教学方法。除此之外，思想政治理论课教师还要重视实践教学法，包括校园文化活动、日常生活调研、参观、社会调查、社会实践等等。思想政治理论课教学既要体现统一性，又要根据具体情况因地制宜、因时制宜、因材施教，体现多样性。

总之，高校思政课程的统一性保证思想政治理论课有共同原则、基本要求和教学目标，多样性使思政课教学过程丰富多彩，富有生机和活力。统一性和多样性二者的关系是辩证统一、不可分割的。多样性是统一性存在的条件和基础，统一性寓于具体的多样性发展之中。新时代高校思政课程必须处理好统一性与多样性的关系。既要明确高校思政课程的教学目标和基本内容，又要在充分认识和把握大学生思想状况多样性和思想觉悟的基础上，确定多样性的具体教育目标和要求。根据教育对象的差异性区别对待，实现统一性和多样性相统一。

六、坚持主导性和主体性相统一

习近平总书记指出，思政课教学"要坚持主导性和主体性相统一"。高校思政课教学是教师的"教"和学生的"学"共同构成的双向互动过程，是师生在知识、思想、情感等方面的交流过程，因此，高校思政课教学离不开教师的主导，要坚持主导性和主体性相统一的原则。教师的主导作用要以学生的主体作用为目标，学生的主体作用要以教师的主导作用为指导，两者相互作用，是辩证统一的关系。要求教师与学生协同努力，形成合力。

高校思政课教师是思政课教学活动的组织者、设计者，在整个课堂教学过程中起主导作用。实现思政课教学目标，教师要以正确的观点、科学的态度引领学生，采用各种途径和方法调动学生的学习积极性。

首先，思政课教师必须要有正确认识、有效的认知，充分认识到工匠精神培养融入高校思政教育教学，对于提升学生思想政治素质、水平以及专业核心理念是多么重要；并在这种意识的引导下，积极努力地探索工匠精神的核心内涵，从而制定思政课教学方案。

其次，高职思政课教师必须时刻秉持着以生为本教育教学理念，课堂上要给予学生充分的尊重；同时还要重点强调并发挥学生在课堂当中的主体地位；而教师的作用是引导、解惑，结合学生所提出的意见以及想法不断地对教学方法进行调整，以满足学生的需求，充分彰显出学生的主体性，可以在课堂上发挥出其自身的主观能动性。

最后，高校思政课教师还必须革新思政课教育教学理念和思想，重视学生工匠精神的教育，以提升学生的德育观、创新意识、敬业精神、精益精神以及专注精神为最终教学目标，从而保证工匠精神教育融入高职思政教育教学中，并充分体现出有效性。

思政课教师要了解当今青年人思想行为特点，通过建立微信群、QQ群等手段平时与学生多交流，了解自己任课班级学生的思想状况，从而能够在课堂教学中有针对性地把教学内容与学生的思想状况紧密结合起来，为学生解惑释疑。

总之，思政课教学坚持主导性和主体性相统一，就是要充分发挥教师的主导作用，有效激发学生的主体动力，最终创造出"以教师为主导"和"以学生为主体"相融合的教学模式，以此形成教师讲好思政课、学生学好思政课的良好氛围。因此，思政课教师课堂教学要从学生的思想实际、生活实际出发，围绕学生主体地位的实现来设计教学，激发学生的学习兴趣，使学生积极主动地参与课堂教学。只有将教师主导作用的发挥和学生主体地位的体现统一于教学过程，使教师和学生在互动过程中密切配合，共同完成教学活动，才能营造一种和谐愉悦、良性互动的课堂氛围，真正让学生的学习由被动转向主动，进而提高思政课教学效果，实现教育目标。

七、坚持灌输性和启发性相统一

习近平总书记指出，思政课教学"要坚持灌输性和启发性相统一"。高校思政课教学灌输式与启发式教学方法缺一不可，必须实现两者的融合，才能提高教学实效性。

灌输式教学是思政课最常见的一种教学方法。思政课教师有目的、有计划、系统地讲解思政课教学内容、完成教学任务，灌输式教学是必不可少的。思政课课程性质和内容具有理论性、抽象性、逻辑性等特点，不能仅依靠学生自发自觉地自主学习来掌握，还需要教师采用灌输的方法来教育。高校思政课程教师要理直气壮、旗帜鲜明地对大学生进行社会主义意识形态的理论灌输，用科学理论武装大学生，用正确的舆论引导大学生。应当正确理解灌输式教学法，不能把灌输式教学法看作是填鸭式、注入式的生搬硬套和强加于人。高校思政课程除了要加强正面的理论灌输外，还必须采用启发式教学，采取启发引导等方法帮助学生真正内化吸收所学内容。

启发式教学是思政课常见的一种教学方法。启发式教学对思政课教师的讲授提出了更高的要求。教师要精心备课，知识储备要有一定广度和深度；教学内容要精练，语言要生动流畅，富有引导力、感染力；还要注意调动学生学习的主观能动性，使学生的情绪和思维都处在积极活跃的状态，能够争先恐后地参与课堂教学。为此，高校思政课教师要不断加强对匠心文化的弘扬力度，在日常课程教学中多列举一些具备工匠精神和匠心品质的人物事迹，让学生感受到什么是大国工匠的风范。上到鲁班文化，下到现代工匠，都有着对于专业技术的极致追求，都有着恪尽职守、精益求精、心无旁骛的精神品质，要通过具体的人物和事件来让学生感受到什么才是真正的工匠精神。

思政课教师要综合运用多种启发形式，包括如下多种方式：对要讲授的内容先设疑提问启发思考，比如新时代为何需要大力弘扬工匠精神；通过案例启发思考具体问题导入讲授的内容，比如展示大国工匠的成长成才故事，让学生感受"一技之长"汇成强国力量，引导学生思考成为大国工匠要具备哪些品格；通过一小段视频（5分钟内）启发思考导入讲授的内容，比如截选系列节目《大国工匠》中的部分视频，通过不同岗位劳动者用自己的灵巧双手匠心筑梦的故事，引发学生思考大国工匠对于现在社会的意义；等等。教师应当了解学生的听课兴趣，并以此为出发点，增强思政课教学的吸引力和感染力。

总之，高校思政课程教师应坚持灌输性和启发性相统一，在进行理论灌输中渗透启发式教学，充分发挥学生的主体作用，创设良好的启发教学环境，根据教学内容的需要和学生的思想实际，采取灵活多样的启发教学形式，调动学生学习的积极性和主动性，在不断启发中使学生豁然开朗。

八、坚持显性教育和隐性教育相统一

习近平总书记指出，思政课教学"要坚持显性教育和隐性教育相统一"。高校思想政治教育不仅要以思想政治理论课为主渠道，还要以人文社会科学等其他课程思想政治教育为补充。坚持显性教育和隐性教育相统一，就是坚持思想政治理论课与其他课程同向同行，百花齐放，协同改善高校课程教学，整体提升立德树人水平。

高校思想政治教育中的显性教育以直接正规的方式有计划、系统地对学生进行思想政治教育，它的最大特点就是以正面宣传为主，对学校而言，其主要表现形式就是课堂教学。思想政治理论课就是典型的显性教育。思想政治理论课以塑造和提高大学生的政治思想觉悟和道德素质为根本目的，发挥着思想政治教育的主导作用，是高校思想政治教育的主渠道主阵地。隐性教育以间接、侧面的手段进行思想政治教育，学生学习其他课程或在相关的活动中不知不觉地接受思想政治教育，使得学生陶冶了情操，提高了思想觉悟。因此，要挖掘其他课程和教学方式中蕴含的思想政治教育资源。隐性教育采用熏陶、渗透式的教育方法，学生在没有意识到自己在受教育的过程中受到思想政治教育，进而达到了潜移默化的教育目的。

要结合教学内容，以知识为载体进行思想观念的渗透教育，这需要教育工作者认真发掘，以使学生在掌握知识的同时接受思想政治教育。

"八个统一"的每一个统一都蕴含着相辅相成的两个方面，"八个统一"就是八组互有联系的系统。它一方面深刻地总结了我国思政教育长期形成的规律性认识和经验教训，直面思政课教学的本质与内容、目标和困境、思政课教育对象的共性与个性、社会客观条件和主观条件等制约性因素，为新时代思政课实现守正创新提供可能。另一方面，"八个统一"包含着创新思维的积极灵感，比如统一性和多样性相统一、主导性和主体性相统一、灌输性和启发性相统一、显性教育和隐性教育相统一，实际上是以灵活的方法打通了传统小课堂与社会大课堂、严肃学校理论课堂和多样社会实践课堂之间的通道。

第四章　工匠精神培育背景下高校思政课程创新的顶层设计

工匠精神是我国现阶段发展中重要的时代精神和社会价值导向，高校作为我国人才培养的主要环境，必须适应社会发展的需求，担当起工匠精神的培养责任。思政教育作为高校中教导学生思想观念的主要课程，自然而然地成了进行工匠精神培养的主要课程。

第一节　进一步落实国家关于工匠精神培育的宏观政策

习近平总书记强调，劳动者素质对一个国家、一个民族发展至关重要。技术工人队伍是支撑中国制造、中国创造的重要基础，对推动经济高质量发展具有重要作用。要健全技能人才培养、使用、评价、激励制度，大力发展技工教育，大规模开展职业技能培训，加快培养大批高素质劳动者和技术技能人才。要在全社会弘扬精益求精的工匠精神，激励广大青年走技能成才、技能报国之路。工匠精神是培育职业素养之魂，如何将工匠精神融入高等教育，创新高校学生思想政治教育形式，形成高校学生的思想引领，固化为其行为习惯，是我国加快制造强国建设和供给侧结构性改革等政策时对劳动者的迫切需求。培育学生工匠精神，将工匠精神融于思想政治教育，"需要的不仅仅是思想政治教育教师的宣教，还需要国家、社会、学校、企业等各方共同努力"①，给予政策、营造氛围，形成"工匠能得到与之匹配的待遇，人人愿意成为工匠"的良好态势。

一、完善技能人才培养政策以提供制度保障

政策取向从根本上决定了这个国家的政策环境，高校教育作为社会主义人才培养的重要组成部分，势必处在国家政策取向环境中，我国高等教育必定贯彻国家的教育方针，与时代同行，将自身发展"小逻辑"服从服务国家经济社会发展"大逻辑"。工匠精神的培育是一个漫长的过程，可能需要几十年和几代人才能实现和完成，工匠精神融入高校思想政治教育的长期性要求国家在高校教育体系建设上制定中长期保障计划和规划。日本社会对劳动价值的认同、意大利民众对艺术的全面追求、美国社会对美国精神追随、德国全民对标准的信奉，都是对其思想政治教育目标的遵循。

2022年，中共中央办公厅、国务院办公厅印发了《关于加强新时代高技能人才队伍建设的意见》（以下简称《意见》）。《意见》提出，全面实施"技能中国行动"，健全技能人才培养、使用、评价、激励制度，构建党委领导、政府主导、政策支持、企业主体、社会参与的高技能人才工作体系，打造一支爱党报国、敬业奉献、技艺精湛、素质优良、规模宏大、结构合理的高技能人才队伍。习近平总书记在党的二十大报告中指出："坚持党管人才原则，坚持尊重劳动、尊重知识、尊重人才、尊重创造，实施更加积极、更加开放、更加有效的人才政策，引导广大人才爱党报国、敬业奉献、服务人民。"这为深入实施新时代人才强国战略指明了方向。这些重要文件和精神把人才队伍建设提升到国家发展战略的高度。而高校思想政治教育中培养与技能型人才相适应的道德品质的具体措施、办法或保障等各个方面还亟待完善，如何就不同阶段的思想政治教育进行课程开发、人员配备等还要进一步落实。

---

① 毛浩生.高职院校第一课堂与第二课堂协同育人研究[J].内江科技，2021，42（01）：125-126.

在工匠精神传承较好的德国、意大利、日本、美国等发达国家中，其各个层次的基础教育与高等教育之间的职业教育有较为完善的衔接，我国的工匠精神背景下思政教育还不够宽泛，要将工匠精神贯穿思想政治教育体系，必须深化高校机制体制改革，不断构建适合新时代经济、社会发展的现代教育体系，将培养学生的职业素质、工匠精神融于"大思政"，贯穿于人才培养的全过程，真正遵循"思想政治教育服从和服务于社会发展"的规律。

二、宣传国家对工匠技能型人才的激励措施

时至今日，中国劳动阶层的传统仍然对人们的价值观念产生着较大的影响，"劳心者治人，劳力者治于人"的观念在社会各个阶层还普遍存在，劳动的高低贵贱和三六九等之分存在于社会的各个行业中，"金领""白领""蓝领"的概念仍被人们普遍接受和承认。反观西方发达国家现在的职业观念，无论是工作在最苦最累一线的垃圾清运人员，还是坚守在枯燥乏味的流水线上的工人，他们大多对从事的职业十分热爱与珍惜，对自身劳动创造的价值总是能感到自豪，也能得到社会的尊重。恩格斯认为："人们自觉地或不自觉地，归根到底总是从他们阶级地位所依据的实际关系中，从他们进行生产和交换的经济关系中，获得自己的伦理观念。"虽然按劳分配的制度已在我国实行多年，但对"劳"的理解和把握并未做到完全科学，分配制度仍然需要不断完善，"劳心者"与"劳力者"之间的差距仍然较大。

2018年3月22日，中共中央办公厅、国务院办公厅印发了《关于提高技术工人待遇的意见》，要求各地区结合实际制定相关政策，提高高技能人才在社会保障、政治、经济、社会等不同方面的待遇。这为工匠人才的培养提供了宏观政策上的指导。为此，各级政府要优化收入分配结构，提高技能在初次收入分配中所占的比例，确保创造性劳动和复杂劳动获得相应的价值和社会回报。加大对技术技能人才的激励，将技术人才的薪酬体系与企业人才技能等级挂钩，在提高人才收入的同时为其创造职业路径。在员工福利方面加大对高技术人才的福利条件，提高其职

务津贴和岗位津贴。对于高技术人才实行股权激励，使其成为企业核心成员。在就业政策方面，积极创造技术型人才落户政策，让技术型人才在北上广等大城市落户成为可能，为其更好地工作、吸引技术人才进入这些城市创造条件。例如，2021年1月，人社部印发《技能人才薪酬分配指引》，坚持按劳分配和按要素贡献参与分配原则，形成了工资收入分配的技能价值激励导向；2021年6月，人社部印发《"技能中国"行动实施方案》，再次强调提升技能人才待遇水平，引导企业建立健全体现技能价值激励导向的薪酬分配制度。2022年4月，人社部印发《关于健全完善新时代技能人才职业技能等级制度的意见（试行）》，宣布将原有的"五级"技能等级延伸和发展为新"八级工"制度。浙江、湖北、深圳等地均出台了相关支持政策，着力营造技能人才茁壮成长、优秀技能人才脱颖而出的制度环境。一份份文件的落地，技能人才享受到待遇提升、地位提升，尊重技能、能者多得的氛围正在形成。因此，高校作为工匠人才培育的摇篮，一方面，高校可以在学生大学至毕业的各个阶段，及时向高校学生广泛宣传工匠人才激励措施，鼓励学生扎实学习，争做本专业的"匠人"。另一方面，高校在与企业签订校企合作订单式培养等合作过程中，强调企业对工匠人才的激励条件，真正让工匠人才获得相应的待遇。

第二节　加强顶层设计，明确工作重心

工匠精神培育背景下，高校思政课程创新是一个系统工程，探索工匠精神培育融入这一系统有一个前提，就是高校在顶层设计下，开拓创新课程思政建设有效方法与特色思路。没有经过缜密设计，工匠精神的系统融入也只能是空话。

一、依托工匠精神，科学规划课程思政的顶层设计

如果说，"大思政"为高职思想政治教育改革指明了方向，那么，明

确工匠精神培育为思政课程工作的重心，则是为高校思政教育工作指明了方向。高校思政课程涉及教学部门、管理部门，涉及课内外、校内外，涉及思政课和专业课，涉及公共课教师和专业课教师，如何把不同的职能部门、施教场所、教学主体凝聚在一起高效率工作，必须有一个相对简约又能直指工作重心的安排。工匠精神是一个能让所有部门找到共同努力方向的聚合点。因此，高校在顶层设计上明确将工匠精神培育作为思想政治工作重点，这是必须的，也是符合现实需要的。具体表现为在学校相关思政课程制度建设上要有明显的文件体现，要有相关的配套政策的引领和制度保障机制。让所有施教主体一看文件就能明白自己的工作重心、自己负责的工作可以从哪些方面培育学生的工匠精神。有保障机制的顶层设计，在某种程度上相当于给施教主体以可预期的激励，这是保证思政课程创新工作持续推进的稳定器。

学校党委要高度重视思想政治工作，统筹思政各要素，进行科学规划，建立长效机制。每年制定相关党建和思政工作要点及网络思政工作方案，并将思想政治建设列入学校年度重点工作任务，定期调度。同时，出台思政评价办法、新媒体管理制度、网络信息安全管理等相关文件，搭建起"立足长效、统筹谋划、齐抓共管、联动有力"的思政建设顶层框架。

课程的规划与设计必须根据专业特征，遵循课程规律，注重学情调研，科学取舍，循序渐进。对工匠精神内涵和课程思政元素深入挖掘，合理整合进行课程设计。在课堂上将知识点与工匠精神、思政元素的内涵实质相结合。从中华传统工匠精神及近代工业发达国家工匠精神的形成与发展入手，并结合实际展现工匠精神视域下课程思政的重要性。注重名师名家、校友朋辈的榜样、大师工作室等引领作用，促进学生不断将工匠精神发扬光大。由于刚进校的新生是懵懂、迷茫的，教师引导学生明确自身定位显得尤为重要，将社会主义核心价值观、中华优秀传统文化融入教学中，让学生有自信、有追求、有担当，立志成为高素质、高技能的好工匠。

二、革新思政教育理念

基于工匠精神背景下高校推进思政教育创新的过程中，教育教学理念发挥着至关重要的作用，是影响教学方案和计划实施效果的直接因素。若缺少正确的教学理念，在思政教育改革实践中，则很难真正融入工匠精神，或者导致工匠精神与思政教育教学工作难以充分契合。

思想政治教育的根本目标在于育人，但是，长期以来，高校教育的主要内容仍然是专业知识的传授与职业技能的训练，对人文素质的发展和关注偏弱，学生的人文素养教育不够，学生成为被动接受技能训练的"机器人"，"技能至上""功利主义"较为严重。这种理念下培养出来的人缺乏工匠精神，很难生产出高精尖的产品。高校应当注重工匠精神的培育，在职业教育中深化文化育人的理念，将职业道德、人文素养教育贯穿人才培养全过程，营造工匠精神的氛围，让学生获得工具性知识和技能之外的职业素养和工匠精神。

在此背景下，高校思政教师要对教育理念革新高度重视，应对工匠精神有正确的解读，并正确认知工匠精神融入高校思政教学改革对于培养学生思想政治素质的重要性。

在该思想理念的引导下，在实际思政教学工作开展的过程中，深入剖析工匠精神的核心内涵，在此基础上制定相匹配的思政教学规划和方案。一是通过课程教学、专题讲座、实习实践等形式，让学生了解工匠、工匠精神及其对经济建设和社会发展的重大意义。二是通过传授完整的产业链知识与技艺，让学生了解产品的改良和产业发展动向，感受工艺形成的历史文化，体会工艺的价值和工匠的地位。三是改革评价标准，完成一项任务不以"合不合格"做标准，而是以"完不完美"为要求，纠正追求"速成"的浮躁心理，培养专注持久的定力。

与此同时，思政教师应始终将以生为本的教育理念作为指导，在课堂教学实施的过程中充分尊重学生、理解学生，凸显学生在课堂中的主体地位，教师在此过程中主要发挥辅助和引导性作用，根据学生提出的想法和见解予以指导，并结合学生的学习情况，不断调整思政教学方法，满足学生学习需要，发挥学生的主观能动性，使学生展开知识的自主学习和探究。除此之外，高校思政教师应转变传统的教学思维模式，对工匠精神培育提高重视度，在教学工作过程中将培养学生精益求精的敬业精神、创新意识以及道德水平作为教学目标，促进工匠精神与高校思政课教学改革的高度融合，切实提高思政教育改革的有效性。

三、完善工匠精神培育的课程体系

大思政课程体系包含：思想政治理论课核心课程、思想政治理论课实践课程、"课程思政"系列课程与活动。在思政课程体系中需要逐一细化工匠精神培育的内容与形式。

思想政治理论课核心课程是工匠精神内涵认知培养的主要依靠平台，也是工匠精神培育与思想政治理论课深度融合的重要领域。为此，思政教育在充分掌握工匠精神的传统内涵、革命内涵、现代内涵、外来内涵和未来内涵基础上，需要结合思政课五门课程的教学重点、难点，考察各门课程中工匠精神内涵的融入点，并以五门课为重心，从较为宏观的角度，形成工匠精神培育融入思政课的维度和模块，便于在实际教学中运作使用。这样处理的目的是在不破坏思政课规定教材逻辑结构的基础上，为教师在实际教学中将工匠精神自然融入教材提供一些指引，防止教师在思政课每一章节中生硬植入工匠精神的内容。例如原理课的内容不太适合融入工匠精神，但是它对于开阔学生的宏观视野有帮助，有助于帮助学生在马克思主义科学指导下认识劳动与工匠精神，在讲授本门课程时就以尊重原理课的原有教学目标为重点。

除了内容上的融合，还要考虑到如何把这些内容、理论以合理的方式传授给学生，说好"理"是教学的艺术。教师巧用语言、善用富含工匠精神内涵的各种案例，引发学生的情感共鸣，就能提升学生对工匠精神深刻内涵的认知，从而在内在价值观上促使自己重新看待劳动、重新定位职业理想，深入体悟"劳动光荣""为人民服务"等看似抽象的口号背后的社会价值。

思政课程当中实践课程是培育工匠精神的重要实践抓手。从大的方面来说，无论是什么类型的实践活动，它都需要有一个从策划、执行到实现的过程。教师可以就实践活动过程本身，以工匠精神为尺度要求和评估学生。在学生实践之前，就让学生进行充分的准备，其中包括：要制定一份详细的活动策划书，要调查小组每个学生的特长，并把这些特长运用于本次活动，要事先进行实地考察，并与教师形成良性沟通，掌握尽可能多的资料，实践过程要求既全面又有重点，实践完成后要有回看式总结反思。这些要求看似是活动的流程性规范，但是里面蕴含了工匠精神培育的意图：好的作品离不开预先精细的准备，实地考察和亲身体验有助于团结协作，跟教师进行汇报沟通有利于及时纠偏和寻求帮助，活动结束后的反思有助于总结经验教训。而这些意图也只有通过实践才能够有真切的体验。除了实践活动的流程性工匠精神培育，还可以设计有关工匠精神培育主题的实践活动，让学生通过观察、比较、访谈、调研、研读等挖掘现实生活的匠心、匠艺、匠造，从言语、行动、挫折、苦闷和愉悦中体悟工匠精神的魔力与魅力。关于工匠精神背景下高校思政课创新的具体实践活动和路径，在本书后面会有详细的阐述与介绍。

课程思政系列的课程与活动，是指在学校其他非思想政治理论课程中渗透思想政治理论教育的理念与元素，将立德树人贯彻到学生接受教育的全过程。涉及的课程包含专业课程、各类通识必修或选修课程（含与思想政治关联性比较大的思政类选修课）。在这些课程中，工匠精神的培育同样可以根据课程的特点自然融合，这里非常考验教师对教学内容和教育艺术的把握。

例如在教授通识文学课程时，教师在讲授我国文学经典元素时，可以借用古人写作时炼字炼句、推敲琢磨，诗人贾岛的《题李凝幽居》中，他为了使"鸟宿池边树，僧敲月下门"一句达到最佳效果，反复琢磨、斟酌"推""敲"二字，体现了其工匠精神。教师再提一问："我们工作或学习中能从贾岛作诗炼字炼句、精益求精这件事学到点什么呢？"举这一例，就是想说明，看似与工匠精神没有联系的通识类文学类课程，只要教师善于琢磨，就能够让课程包含匠心精神的元素，让学生在赏析的时候不仅享受文学的深刻，更能联系现实做实践性思索。高校教育专业众多，专业与职业、行业关联度很高，各行各业都有职业道德、伦理规范、职业精髓和最高理想，"只要教师将工匠精神培育作为重要的价值目标追寻，潜心联系专业和行业，挖掘案例，就容易找到链接点，将匠心植入学生内心"①，促使学生体悟到匠心的重要价值。

四、优化思政教育方法

　　将工匠精神融入高校思政教育改革的过程中，教师必须正确认知创新是工匠精神的核心内涵，在教学工作中要充分体现创新，才能使学生更好地解读工匠精神的内涵，真正发挥工匠精神对高校思政教育改革的意义和价值。在教学实施的过程中，创新思政教育方法，同样是有效发挥工匠精神内涵的关键举措。一方面，在教育方法创新的过程中，高校思政教师需适应时代发展，加强现代信息技术手段的运用，利用先进的计算机设备以及信息化教学设备组织和实施思政教育教学活动，转变传统课堂教学模式。例如，思政教师可以运用慕课微课的视频教学，增强学生在学习中的体验感，激发学生对思政学习的兴趣和主观能动性。另一方面，高校思政教师可以运用多元化教学方法，为学生组织趣味性的教学活动，例如围绕工匠精神展开情景教学，学生自编自演一个工作场景以及在工作中的实际状态，通过情景表演的方式理解工匠精神内涵，同时也增强思政教育的趣味性，使学生积极参与课堂学习。另外，课堂中的交流互动同样至关重要，思政教师可以运用合作学习法，将学生划分为不同小组，以小组形式展开知识学习和探讨交流，在小组成员的共同努力下，逐步走出学习困境。总而言之，基于工匠精神背景下高校思政教师应优化传统的教学方法，引入更多现代化教学手段，实现工匠精神培育的总体目标。

五、坚持"三全育人"，引领高校思政教育的创新方向

　　"三全育人"理念强调全员、全过程及全方位育人，高校基于此开展

---

　　① 吴美媛."工匠精神"视域下高职院校思政课教学改革路径研究[J].山西青年，2020（04）：35-36.

思政教育，也应朝着该方向前进，在多方主体的积极参与、教育过程的紧密衔接及教育范围的不断拓展中实现育人目标。具体来说，"三全育人"引领高校思政教育，首先，高校应强调多主体参与，落实全员育人。只有在校内外形成多元主体参与的育人队伍，全员育人才能真正实现，各方主体也才能在同向同行中推进思政育人效果的有效提升。其次，高校应关注思政教育的持续性，落实全过程育人。思政教育的对象是大学生，大学生的学习生活既包括各专业课、公共课的课程参与，又包括课外实践、社会生活等层面，这就要求思政教育应关注大学生的学习过程，在各学段、各课程及课程与实践活动之间建立必然的联系，并在其中融入育人活动，以此践行全过程育人。最后，高校应拓展思政教育范围，实践全方位育人。只有形成全方位、立体化的育人体系，思政教育才能真正实现育人的全方位性。在此过程中，高校应密切与家庭及社会相关机构之间的联系，重视网络思政教育活动的开展，同时完善第二课堂建设，致力于建成校内校外、线上线下、课内课外有机协同的立体化育人格局。如此，"三全育人"便可正确高效引领思政教育创新的正确方向，促使思政教育在实践全员、全过程、全方位育人的过程中不断强化教育质量。

第三节　塑造"工匠之师"，传承工匠精神

教育大计，教师为本。正如习近平总书记指出的，"思政课是落实立德树人根本任务的关键课程"，而"办好思想政治理论课关键在教师，关键在发挥教师的积极性、主动性、创造性"。在这"三个关键"中，最后一个关键是教师的积极性、主动性、创造性，而创造性是积极性、主动性的落脚点。由此，发挥教师创造性、推进思政课创造性工作是办好思政课、落实立德树人根本任务的关键和根本举措。大力推进思政课创造性工作，要抓住思政课教师这个关键，更要抓住思政课教师创造性这个关键，同时还要抓住思政课改革创新这个根本和系统总体协同推进。

工匠精神的内涵主要是敬业、专注、热爱和精益求精。工匠精神与高校思政课教师队伍具备的职业道德是一致的。高校思政课教师弘扬工

匠精神首先以德为先，要有立德树人的工匠情怀；其次以才为基，培养专注的工匠品质；再次以情为本，要有干一行爱一行的工匠情操。在新时代背景下，高校思政课教师队伍建设要弘扬工匠精神，广大教师以德立身、以德立学、以德施教，打造一支优秀的高校思政课教师队伍。

一、打造"双师型"教师队伍

"双师型"教师的认定，是依照"双师"标准对现职教师的具体情况进行综合评价，核定不同等级，认定的目的在于督促、引导职业院校教师重视自我提升，更好地胜任理论教学和实践教学。

从20世纪90年代提出到现在，"双师型"教师已经走过30多年的时光。1989年相关学者提出"双师型"概念。1995年"双师型"教师进入政策体系。2013年9月教育部印发《中等职业学校教师专业标准（试行）》。2018年中共中央、国务院《关于全面深化新时代教师队伍建设改革的意见》指出"健全职业院校教师管理制度，完善职业院校教师资格标准和考核评价制度，'双师型'教师考核评价要充分体现技能水平和专业教学能力"。2019年教育部等四部门印发的《深化新时代职业教育"双师型"教师队伍建设改革实施方案》提出"计划到2022年，职业院校'双师型'教师占专业课教师比重超过一半"。2021年中共中央办公厅、国务院办公厅《关于推动现代职业教育高质量发展的意见》指出"要强化'双师型'教师标准建设，制定'双师型'教师标准"。2022年，教育部印发《关于做好职业教育"双师型"教师认定工作的通知》，要求加快推进职业教育"双师型"教师队伍高质量建设。

"双师型"师资建设与工匠精神的结合点有三个方面：一是身份的统一。工匠是技术传播者，教师则是知识的传承者，职业教育"双师型"教师则是二者兼顾。二是道统的结合。师者，传道授业解惑，坚守教学一线岗位的教授，也是匠。教学从某种程度来看，也是一门技艺。追求完美，日臻完善，造福受众，这也是师者与匠人的初心。三是地位的统一。教师被誉为人类灵魂的工程师、园丁，是知识的传播者，广泛受人尊敬；工匠自古以来就倍受尊重。总之，"双师型"师资具备专业能力、工匠是专业人才，二者本身具备共同点。二者相结合既是传统文化"师道"和"匠心"的结合，即传道授业解惑的过程中，师生共同营造追求完美的生活之道；又与社会主义核心价值观中奉献不谋而合。将工匠精神融入"双师型"师资建设，既是承接传统道统的需要，也是发扬社会主义核心价值观需要。既是社会经济发展的需要，又是职业教师发展的需要，更是学生职业发展需要。

第一，工匠精神崇尚以德为先。"双师型"教师要模范践行高尚师德，发扬优良师风，落实立德树人根本任务。一是高校以营造尊崇工匠精神的浓厚氛围为切入点，将立德树人放在首要位置。播放纪录片《大国工匠》《非凡匠心》等，举办行业企业能工巧匠进校园活动，大兴学习师德楷模之风，大兴学习工匠精神之风，教育广大教师以工匠精神为道德标杆，厚植爱国奉献情怀，恪尽职业操守，坚定职业信仰，牢记育人使命，以大爱感染学生，以德行影响学生，争做"四有好老师"，当好"四个引路人"。

第二，工匠精神追求"新益求新"。创新是"双师型"教师专业能力发展的助推器，而理念的创新更为重要。只有树立创新思维，勇于改革创新，"双师型"教师才能不断掌握新知识、新规范、新工艺、新技术，永葆创新活力。高校把营造好学之气和创新之风作为硬核任务，制订"双师型"教师学习和创新计划，教育引导广大教师树立好学尚新理念。通过开展专业学习交流会、创新经验分享会、创建"学习创新型教师团队"、争当"学习创新型标兵"等活动，强化教师终身学习意识，激发教师思维创新。高校把提升"双师型"教师专业能力作为师资队伍建设的重点，教育引导广大教师树立能力本位的理念。不能把"双师型"等同于"双证书""双资格""双职称"，否则就会引发教师片面追求证书和职称、忽视专业能力发展的负面效应。有条件的高校可选派"双师型"教师进行外出交流学习，学习他校及外国先进经验。

二、强化教师对工匠精神的学习感悟

培养高职院校学生工匠精神，立时代之德，育时代新人，是国家、民族对新时期职场人优秀品质的迫切要求，也是高校人才培养的任务。作为高校的思政教师，在教学和自我提升的过程中，都将工匠的标准融入其中，通过精益求精的精神以及专注的态度来打造工匠，培育适用于各专业领域的工匠精神人才。强化高校师资队伍工匠精神观念，营造出一种对工艺尊重、对工匠尊重、对敬业创新精神进行追求的良好风气。

三、鼓励高校教师不断学习和探索创新

要成为一名好教师还应不断地改革创新，不断地给自己充电，不断地完善自己，因为学习是无止境的。只有不断地学习新知识、新理念，才能在教学过程中不断创新，才能跟上时代的步伐。所以教师要秉着学无止境的态度、精益求精的精神，严格要求自己，为学生树立榜样。"一些有经验的教师由于自身知识丰富，并且经验较高，再加上工作机械、单调、枯燥，会出现学习停留现象"[①]。很难想象，一位观念陈旧、不善于启发学生发挥自身想象力的教师，能够营造出具有创新意识的教学氛围。因此，只有树立起了正确的教育观念，不断更新教师的知识结构和提高教学水平，使其善用各种教学手段和教学策略，并具备一定的课堂应变能力，才能实现教学创新的目标。这就需要学校建立良好的学术环境和激励机制，鼓励高职教师不断学习和探索创新，提高教师的自身水平，使教师的水平符合时代要求，把工匠精神发挥到极致，做到尽职、敬业、求精、创新、卓越。

根据有关研究结果显示，教师的创新性活动受其内在人格特征、观念态度、知识水平以及学习条件等因素的制约。潘懋元先生认为，教师的发展与教师的培养是两个完全不同的概念，即教师自身的发展和自身的提高，其内容主要体现在教师的专业知识、专业高度和能力的培养上。因此，在培养思政教师创新性思维的过程中，必须充分尊重其自身的要求与特点，并使其充分调动自身的主观能动性，从而实现内外驱动力与

---

① 王立洲.切实提升思政课教师的马克思主义理论素养[N].中国社会科学报，2020-03-17.

自发性发展的内在需要。首先，要加强对思政教师的道德教育。要努力培育教师的爱心，在他们的心里要有"四爱"，那就是对学生的爱护、对工作的爱惜、对教育的爱好、对国家的爱念，这些都是年轻教师创新力的来源。其次，加强高校的创新精神建设。要强化高校校园文化，充分调动教师的好奇心与求知欲望，增强他们的创新和创造能力。此外，要充分调动年轻教师的创新力和创造力，就需要全面认识思政教师的个性需求和专业发展的意愿，消除一切制约创新的障碍因素，激发思政教师自我完善、创新成就的内部动力和欲望。

另外，基于高职思想政治教学实践来看，在教师的年龄结构上，年轻教师对于新型教育理念和教学方法的接受度更高，且学习能力更强，而一些年龄较大的传统型教师，往往思政理论知识储备扎实，但对新鲜事物的接受力不足，很难满足现阶段思政教育改革的需求。所以，高校应针对当前的思政师资队伍结构进行调整和优化。第一，在人才引进阶段，高校必须对教师的爱岗敬业精神、精益求精精神、创新意识、创新能力、思政理论知识储备、教学经验、教学水平等进行综合考量，将侧重点放在教师对工匠精神的看法与理解，选取具备较高综合素质水平的人才，纳入高职思政教师队伍。第二，构建在职教师培训机制，"针对现有思政教师进行能力水平评估，对其展开层次化的在职培训，为教师提供自我提升与发展的机会"①。在培训的过程中，将侧重点放在解读工匠精神以及工匠精神培育方面，使每个思政教师均能够将工匠精神有效融入思政教育，掌握相应的教学思路和方法，充分发挥工匠精神培育过程中教师的作用。

总之，教师自身素质的提升和发展是教学创新最根本的条件和不竭的动力源泉。因此，作为学校应为教师的发展创造条件，从而使教师成为新型的教学人才。而教师在学习化的社会中，更应始终保持旺盛的创新精神，立足于本学科的前沿，做好教学创新工作。

---

① 黄伟.高校青年教师教学能力培养的制度支撑研究[D].桂林：广西师范大学，2014.

第四节　弘扬工匠精神，打造文化育人场域

高校校园文化作为高职院校亮丽的文化名片，校园中的一切潜移默化地形成一种强大的隐形教育力量，以不同的方式引导、塑造着学生。工匠精神是校园文化的重要组成部分，工匠精神可以给校园文化带来生命力，比如高校教师的爱岗敬业、孜孜不倦的教育精神，以及其他行业人士的勤劳奉献精神等，都可以作为工匠精神教学的素材，从学生入学起我们就应该从各个方面全方位地加大工匠精神的培育力度，早日唤醒学生对工匠精神的敬仰，培育学生学会专注、脚踏实地、爱岗敬业、勇于进取创新、精益求精的职业素养，适应激烈的市场竞争。

一、人化与化人的互动

高校校园文化内容和文化主体彼此影响，结合高校校园文化的发展来看，高校教职工和学生共同创造了高校校园文化。高校校园文化在形成之后，就会发挥育人功能，它会以潜移默化的形式作用于人自身，给人们带来显著的影响，包括正面影响和负面影响。高校校园文化在育人方面发挥着显著的作用，在发挥作用的时候，依照着人化和化人的互动机制。

高校教师是高校文化建设的主要参与者，他们在实践活动中把育人作为文化建设的目的，把外部世界中的优秀案例引入到教学实践中来，尤其是工匠精神相关的内容，把这些内容作为重要的教学案例，供学生欣赏。在教学实践中，师生共同接受了工匠精神的涵化教育，实现了高校校园文化的人化过程。另外，高校校园文化也具有以文化人的作用，高校师生共同创造了校园文化，为校园文化赋予学校特色，这些具有特色的校园文化也在塑造着人，它们面向校园内的师生，发挥出了文化熏陶和价值涵养的作用，实现了化人的作用。

工匠精神是高校校园文化的重要构成部分，高校校园文化具有"无处不在"的特征，高校大学生长期处于文化氛围浓厚的校园文化环境中，

能够深刻感受到工匠精神的魅力，最终实现思想观念的转变和个人价值的塑造。当高校学生接受了工匠精神洗涤后，能够在学习和生活中逐步践行工匠精神的相关内涵，从而实现了文化的化人作用。另外，高校学生们也会在实践中拓展工匠精神的内涵，丰富工匠精神的内容，实现人化效果。总体而言，工匠精神育人功能发挥的实质就是化人和人化的双向构建过程。

二、文化引导与自我教育相结合

文化引导和自我教育相结合是高校校园文化发挥育人功能的重要机制，在这一机制的指引下，高校师生进行着高校校园文化建设活动。高校教师的教育引导和学生的自我教育共同发挥作用，文化育人具有自发性，以工匠精神为代表的校园文化对师生的影响是在无形之中进行的。但是高校校园文化发挥育人功能，还需要通过文化引导，因为大学生的文化选择和鉴赏能力参差不齐，需要由教师为他们来展开教育引导，帮助学生学习那些具有价值指向和科学性的文化，比如那些蕴含工匠精神的文化内容，就可以作为学生学习的重点。

高校校园文化发挥育人功能的活动，是通过高校教师的文化引导和高校学生的自我教育开展的。首先，高校教师把工匠精神相关内容融入高校校园文化中，通过高校校园文化的育人功能，来引导高校大学生树立正确的文化价值观。高校教师借用自身在教学实践中的主导地位，把工匠精神融入课程教学活动中，从而培养学生的优秀品质，引导学生树立正确的价值观。高校学生是具有主体意识的个体，他们能够主动选择学习哪些校园文化内容，以及从什么角度去理解工匠精神。所以发挥高校校园文化的育人功能，就需要充分考虑大学生的能动性，鼓励高校学生主动选择学习哪些文化内容。结合以上论述，充分发挥高校校园文化的育人功能，不仅要做好文化引导工作，而且要鼓励学生进行自我教育，实现文化引导和自我教育的结合。

三、内化与外化相统一

高校校园文化育人功能的发挥，也需要运用内化与外化相统一的机制，因为内化和外化相统一的机制已经成为高校校园文化育人的重要基础。大学生自觉接受高校校园文化中的道德规范、思想观念、价值观点，这些内容给大学生带来了重要影响，学生逐渐形成了正确的价值观念。大学生内化高校校园文化的前提是文化认同，在文化认同的基础上，大学生能够形成自己的文化价值观。具体来看，大学生在文化认同的基础上，把优秀的校园文化，内化为自身相对稳定的态度和认知，成为自己文化价值体系的一部分。

大学生外化高校校园文化是指把内化的结果通过实践活动，转化为可以显现的过程。通过内化和外化这两个环节，大学生实现了个体态度的转变，从"听从别人的意见"转变为"我拥有自己的意见"的过程。内化和外化这两个过程，统一于高校校园文化实践，同时在校园文化活动中相互转化。在高校校园文化的育人活动中，文化价值构建是基本内容。高校教师把工匠精神等先进文化传递给学生，引导学生来深刻地感悟工匠精神的内涵，把工匠精神的文化精髓内化到自己的思想价值观念中。学生在文化交往活动中，把自己获得的文化价值观念外化于自己的实践活动中，在文化交流中，巩固新掌握的文化内容。

（一）做好文化育人体系的整体规划

构建高校校园文化服务育人的建设路径，可以从两个方面着手，分别是构建多元化的育人模式、打造良好的校园文化育人环境。

1.构建多元主体合力的育人模式

高校校园文化育人体系庞大，蕴含着多股力量。高校校园文化的构建主体具有多元化的特点，包括高校师生、学校党政人员等。上述育人主体能够为高校校园文化的建设提供力量，充分发挥文化育人的功效。具体来看，构建多元主体合力的育人模式，可以从以下两个方面进行。

　　首先，发挥党政部门的组织领导作用。高校校园文化建设需要得到学校党政部门的组织领导，促进高校校园文化建设有序进行，为校园文化育人功能的发挥提供长效机制的保证。高校党委直接负责校园文化建设工作，能够充分保障高校校园文化育人功能的发挥。在高校校园文化建设中，要由高校的党委宣传部承担具体的工作，保证高校校园文化育人的政治正确性。其次，充分发挥高校教师在文化育人方面的作用。高校教师在高校校园文化育人方面起着主导作用，他们自身的形象、对事物的态度和文化价值取向，都会给大学生的思想价值观念带来直接的影响。所以要提升高校教师的综合素质，鼓励他们在工作中落实工匠精神的相关准则，在工作中做到爱岗敬业、乐于奉献，对大学生的成长成才发挥示范引领作用。最后，依托国家教育部门高校辅导员培训和研修基地等省级学会挂靠资源对辅导员人才培养的助力，充分调动并发挥辅导员的职能作用，为工匠精神的解读进行更充分的引导和讲述，激发学生的主动性，突出工匠精神的重要性，帮助学生全面树立自身的职业理念、职业道德、职业责任，以促进和完善工匠精神教育与思政教育的融合。

2.打造良好的校园文化育人环境

　　在打造良好的校园文化育人环境时，需要把社会主义核心价值观作为引领，提前规划好校园文化建设的方案，构建出以办学理念和大学精神为核心的文化育人环境。总的来看，可以从以下两个方面来开展具体的工作。

　　首先，凝练大学精神。大学精神是高校校园文化的灵魂，在建设高校校园文化时，要科学地凝练大学精神，发挥高校校园文化对大学生行为习惯、价值观念和思想情操的影响，给高校学生带来全面的文化熏陶和情感陶冶。其次，做好校园制度文化建设。在新形势下，做好校园制度文化建设，要重点彰显人文关怀，充分发挥文化育人的作用。另外，要改变原有的高校制度文化建设中的功利化现象，为高校校园文化建设提供制度保障。

（二）做好校园文化育人平台建设

发挥高校校园文化的育人功能，需要依托合适的平台，借助平台的力量来开展具体的工作。能否打造出科学的育人平台，在很大程度上决定着高校校园文化是否能够实现文化育人的效果。在新时代背景下，高校教师需要积极构建校园文化育人平台，认真落实工匠精神的相关内涵，提升自己的工作能力，给学生讲授工匠精神的内涵。具体来看，可以通过以下几方面，来开展具体的工作。

1.做好校园物质文化平台建设

物质文化是校园文化建设的重要载体。如图书馆、阅览室、雕塑、文化墙等硬件建设。在将工匠精神渗透进校园物质文化建设的过程中，要做好几个方面工作：一是要根据本校特点，科学布局，重点建设，形成独特的校园物质文化。苏联教育家苏霍姆林斯基说过，"对周围世界的美感能陶冶学生的情操"，使他们变得高尚文雅。良好的校园公共空间设计使置身其中的师生在心灵上受到滋养，精神上备受鼓舞。例如：积极动员社会人员、团体参与，筹措资金，以确保校园文化建设各项工作顺利开展。同时，对近年来国家和政府大力倡导的工匠精神教育给予充分重视，积极争资上项，优化校园环境，改善办学条件，构建符合学校办学理念和宗旨的特色校园文化。二是充分发挥学生的主体性，鼓励学生参与校园环境的设计和创造。充分利用所有能够利用的载体来传播工匠精神；充分利用广播、电视和新媒体的作用，持续延伸校园文化的发展与传播空间。结合学校建设和发展规划，注意工匠精神在硬件设施升级和自然条件改造中的渗透和展示，对培养学生起到微妙的作用。此外，在物质文化建设过程中，应避免盲目追求个性与过度重视形式，正确处理好传承与创新，物质文化、精神文化和制度文化之间的关系。

2.加强文化活动平台建设

发挥高校校园文化的育人功能，需要充分借助文化这一载体。越是形式新颖的文化，越能够吸引大学生的参与，也就越能够取得理想的效果。在高校校园文化育人功能体系中，文化活动担任着重要的角色。在高校校园文化育人功能中，文化活动对高校教师和学生之间的互动产生重要的促进作用。高校需要重点建设文化活动平台，组织多种多样的校园文化活动，更好地落实校园文化的育人功能。

充分发挥校园文化的价值引领和熏陶作用，全力打造工匠学院、书院、研究院以及工匠文化博物馆、培训中心，让工匠精神、工匠文化点滴浸润校园；倾心讲好"工匠故事"，开展马克思主义理论名家大讲堂、大国工匠进校园、崇德大讲堂等活动，以工匠精神沟通心灵、启智润心、激扬斗志；新建的教学楼、宿舍楼、实验楼设计中融入专业特色、产业元素、职业元素，提高校园公共艺术空间的文化引导。利用校园的电子宣传屏、灯箱、报栏、广播定期推出不同领域匠人优秀作品，为学生树立榜样，引领前行方向；开展丰富多彩的校园文化活动，以第一课堂为主、第二课堂为辅、点面结合、分步推进，着力凝心聚力，让学生走进匠人生活，了解何为工匠、匠心，唤醒学生坚守中华文化，不负韶华，传承工匠精神，努力学习练就一技之长，成为"眼里有光、肩上有责、手中有艺、脚下有劲"的学子，为祖国的繁荣富强添砖加瓦。

3.做好网络文化平台建设

网络技术的发展，给人们的工作和生活带来了许多便捷，改变了人们的行为习惯和思维方式。高校是思想文化传播的重要渠道，高校的教师和学生是使用网络技术的高频度人群，网络文化能够快速地传播到高校校园内，拓展高校校园文化的范围。在这种背景下，就需要做好网络文化平台建设，为网络文化传播提供便捷的渠道。首先，要优化网络资源配置。因为网络上的资源是巨大的，并不是所有的内容都可以划到网络文化的范畴中，所以要优化网络资源配置，吸收优秀的网络文化，借助网络文化来实现育人的目的。其次，加强对网络舆情的监控管理。因为网络技术为人们提供了发声的渠道，一件小事情就有可能引发舆情危机。所以要做好网络文化平台建设，减少网络文化传播活动面临的风险，为网络文化育人提供保障。

第五章　工匠精神培育背景下高校思政课程创新的理论教学模式

工匠精神有利于帮助大学生塑造良好的道德品质和职业素养，所以，将工匠精神渗透到大学生的思想政治教育工作中是十分重要的。为了充分调动大学生在学习工匠精神中的主观能动性，就需要高校能够充分激发大学生学习工匠精神的兴趣，并且需要不断创新思想政治教育工作开展的方式，这样可以使得工匠精神在高校思想政治教育工作中渗透得更加顺利。

第一节　工匠精神培育背景下高校思政课程创新的有效策略

一、工匠精神培育背景下高校思政课的课程体系建设

（一）工匠精神培育背景下高校思政课的课程目标定位

在由中国专业委员会和国务院办公厅发布的《关于进一步加强和改进大学生思想政治教育的意见》文件里，高校思政教育目标定位论述非常完整和详细。以此为依据，高校课程目标定位应更加丰富，更加突显高校教育的目标特征，努力实现社会各界对人才培养的新要求、新希望。当今社会已对工匠精神养成教育形成共识，高校思想政治基础课的课程

目标定位更应变革，不仅限于传统的人才培养方式，而且要以培养具有精益求精、一丝不苟的工匠精神的高素质高技术专业人才成为课程目标变革的新动作。唯有如此，才能完全实现高校思想政治理论课教学的时效性和针对性，才不会发生课程目标定位不准确的现象。

（二）工匠精神培育背景下高校思政课的课程教学计划和教学内容

探索厚植工匠精神的职业教育课程思政，要坚持将"国之大者"作为引领，把工匠精神统一于国家所需、人民所想，赋予和丰富新时代工匠精神的精神内涵。着力构建以"国之大者"为底蕴、以工匠精神为彰显的职业教育课程思政体系，推动课程思政在组织上、形式上、内容上不断深入。

在传统的思想政治课教学里，高校很少把工匠精神教学编入教学计划、教学内容。从教材方面来说，教学不应拘泥于课本，而应配合有关"大国工匠"的文字、图片、视频或相关读本作为教材补充，通过整合多元的内容有效推进专业学习与匠人文化的培育融合，以此促进学生的理解与认同，推动工匠精神的价值理念内化于心、外化于行。作为培育高校学生工匠精神的主体，课堂内容需要全面更新优化。目前，我国高校学生的主要课程仍是必修课，高校可以将必修课作为培育工匠精神的主体，将工匠精神贯彻到必修课教育当中。其中，以高数、英语等公共必修课为主，学习这一类课程的高校生群体较广，培育工匠精神的受众面积更大、效果更好。高校课程规划大纲中可以将工匠精神贯彻到课程当中，让更多的学生努力学习，在学习课程的过程中追求卓越、勇于创新。

从教学方法来说，要因材施教、分层教学，根据学生知识基础、智力因素和非智力因素的实际情况来设计不同的教学目标与练习，在教的过程中演绎新时代工匠精神中所蕴含的协作共进、精益求精的内涵。首先，将工匠精神中的"爱国、敬业、奉献"元素与当前党和国家对于职业院校人才培养的要求进行结合，重新设计和定位校园文化，通过"身边的工匠"典型人物选树、校史中的工匠精神弘扬等形式，为课程思政组织建设营造富含高密度当代工匠精神的"空气"；其次，将工匠精神与职业院校人才培养目标进行结合，把工匠精神中精益求精的精神内涵融合到课程设计之中并一以贯之；再其次，将工匠精神的"珍视荣誉、专注一事"与学生所学专业进行结合，使其成为促进学习走向自觉、走向深入的内在驱力。

（三）工匠精神培育背景下高校思政课的精准学情分析

精准的学情分析是"因地制宜、因时制宜、因材施教，结合实际把统一性要求落实好"的基础。做好思政课学情分析，是高校思政课"坚持以学生为中心"教学理念的内在要求，是解决普遍性和特殊性、统一性和多样性关系问题的关键所在，也是推动高校思政课教学改革创新、提升高校思政课针对性和实效性的前提和基础。"做好高校思政课学情分析，既要把握当代大学生思政课学情的普遍状况和总体特征，又要把握不同类型学生思政课学情的实际状况与群体差异"①，要深入了解不同高校、不同专业、不同年级学生工匠精神思政元素学习的接受特点和学习需求。

把握当代大学生思政课学情的总体特征，要运用好大数据调查的方法和优势，加大对当代大学生认知规律和接受特点的研究。坚持把学情分析贯穿于思政课的学习起点、学习过程与学习结果，贯穿于教学设计、教学实施、教学评估全过程，从学生思政课的学习动机、学习需求、学习策略、学习体验以及学习收获等不同维度，全面、客观把握当代大学生思政课学情的普遍状况，把握当代大学生思政课学情的总体特征及影响机制，为推动新时代高校思政课改革创新、提升思政课教学针对性和实效性提供基本依据。

对于不同类型学生思政课学情的群体差异，要通过开展大规模的校本学情调查，分阶段、分群体进行分析。通过思政课教师担任班主任、邀请辅导员加入思政课教学团队等方式，深入学生生活实际、收集学生

---

① 钟飞燕，高德胜.高校思想政治理论课的时代定位[J].思想教育研究，2019（08）：107–111.

关注的问题；采取访谈法、课堂观察法和资料分析法等方法获取学情信息，采用文字叙述反思学情问题，基于归纳和类比推理得出分析结论，深入了解不同学习阶段、不同专业类型学生思政课学习的群体性差异，深入分析不同群体学生思政课的学习需求与学习偏好，为高校思政课"因地制宜、因时制宜、因材施教"提供更加科学、更为精准的现实支撑。

（四）工匠精神培育背景下高校思政课的课程教辅读本和教育教学资源库

怎样才是工匠精神，怎样才是传统工匠精神的新时代内涵，在整个社会怎么推进工匠精神，如何培养高校学生的工匠精神，等等，并非所有的社会部门、行业、企业、产业、高校和高校学生都认识到这些问题的重要性。因此，高校要转变办学思路，切实提高培养具有工匠精神的技能人才不能仅依靠课程内容，应当编辑具有实践意义的教材读本，建立信息库，以补充因课堂时间限制而未能深入传授给学生的工匠精神相关知识，帮助学生更加深入地了解工匠精神的思想内涵。全面收集古今中外的优秀匠人故事，深度开展对各行各业精湛技艺的剖析与讲解，以此增强工匠精神在思想政治教育领域的感染力。更要鼓励思政课教师编撰工匠精神教辅读本，并强化构建有关方面的教育和教学资源库。在编撰工匠精神教辅读本时，不仅要系统性编写工匠精神的概念、价值和意义等基础理论知识，更要精心挑选和编辑古今中外优秀工匠的案例，丰富教学资源库的建设，提高教辅读本的可读性和可信度，增强学生对思政教育中工匠精神的获得感。

由于课程思政教学资源库受众类型多元，仅靠高校一家独立建设并不可取，需要多方力量共同建设，联合政府、企业和专业研究人员等社会力量共同参与，发挥各自专长，形成优势互补，进而建设有高度的工匠精神思政教学资源库。在万物互联的当下，高校要有以共建共享为主要特征的信息化智能化的建设理念，构建完善的共建共享网络平台，做到数据联通、高效利用。在构建课程思政教学资源库的教师团队时，可通过建立团队合作机制、改革教学内容等方法，提高教师整体教学水平。

课程思政教学资源库要与教师团队的建设相辅相成、互为依托，更加突出强调培养信息素养高和教育水平高的"双师型"人才。同时，采取积极有效的激励措施，促进相关企业的高层次人才参与教育教学。此外，围绕打造具有综合实践技能扎实和职业素养较高的教师团队，筛选出相关专业课程思政教学资源库的教师团队。

有了资源库后，重点任务是如何集中整合工匠精神课程思政教学资源，完善工匠精神资源库的内容。围绕核心课程、相关章节内容及实践教学要求，动态对资源库进行专业升级，尤其是资源库的后续资源开发。以课程思政小知识竞赛为平台，拓展相关功能模块，通过不断优化资源库，积极推动相关教学活动的有序开展。对资源库及时进行推广应用，不断拓展相关服务群体。

二、工匠精神培育背景下构建多主体视角沉浸式思政课

（一）教师主导：把握课程的政治航向

思政课的政治性为教学过程设定了政治"航道"。就思想的流动过程而言，教师是源头、学生是归处。思想在师生之间的流动应当牢固坚持政治导向、树立政治标准、承载政治价值。教师在思想、政治、理论、实践和方法层面有着先天的优势，自然也是思想流动的主导者。

思政课的"教"不是简单的给予，学也不是简单的接收，教学过程应当是一个思想双向流动的过程，教师与学生之间应当建立稳固的呼应关系，一方有所呼，另一方必有所应。学生在多元化思政课程的影响下，此时已经具备一定的思想政治基础。接下来，学校需要建立个性化的思政教学模式。首先，要对学生的个性化需求进行了解，并针对其做好相应的调研工作，提升课堂的教学氛围和教学质量。之后，建立个性化的教学模式。教师在主导课堂的过程中不能一教了之，或开展"灌输式""填鸭式"思想政治教育，而应在理论与现实、讲授与实践、言传与身教中，引领学生与国家、与时代同频共振、视域融合，以真实理论、事件和经历增强思政课的沉浸感。这就要求在鼓励教师发挥主导作用的同时，

充分调动学生以主体身份参与教学过程。

在实施教学前，对学生进行有效的摸底调研，再有针对性地调整教学内容，从而达到更佳的教学效果。首先，思政课教师应自大一新生入学开始，基于学生的基本资料，结合网络问卷、教学跟踪、学习成果及教师互评等方式，较为清晰地描绘出学生的现状，结合学生的籍贯、专业、兴趣等因素，作为开展工匠精神教育的重要参考，再与社会和企业对工匠精神的要求相结合，找到二者互融互通之处，将工匠精神教育与思政教学内容融合在一起，以潜移默化的方式，帮助学生接纳并积极培养自身爱岗敬业、科学严谨、精益求精、实事求是的工匠精神，形成一种根深蒂固的惯性认知，这对学生未来就业及长远的职业发展都有积极的推动作用。

思政课教师必须及时关注学生的学习反馈、准确引导学生的思想。思政课教学不能一教了之，也不能局限于课堂之中，教师的关注点不应仅仅停留于按时完成教学任务，而要更多关注学生的实际受益情况。同时，面对学生出现的问题困惑、理解偏差、错误倾向，教师应及时有效地解答、引领、纠偏。这就要求思政课教学过程必须坚持以学生成长成才作为重要评价标准，夯实学生的主体地位。

（二）学生主体：回归教育的人本主义

思想政治工作从根本上说是做"人"的工作，必须围绕学生、观照学生、服务学生，不断提高学生思想水平、政治觉悟、道德品质、文化素养，让学生成为德才兼备、全面发展的人才。

学生是教育的主体，只有让学生充分认识到工匠之于个人、社会和国家的重要性，才能发挥学生的主观能动性和积极性，从而对成为大国工匠充满期待。让学生在学习中提升、巩固，将学习成果转化为思想行动自觉，使学生以大国工匠为榜样，使工匠精神成为学生的自觉追求。

通过专业课、实训课的教学模式，让学生掌握必备的科学基础理论，接受工程素质和人文科学素质的培养以及工程师的基本训练，使学生了解国家有关行业和企业管理与发展的重大方针、政策和法规，以及与本专业相关职业和行业的生产、设计、研究与开发、环境保护和可持续发展等方面的方针、政策和法律法规、技术标准，从而内化学生的职业素养和职业道德。在真切的情境中，既培养学生独具匠心的创新能力和巧夺天工的精湛技艺，又培养"三个臭皮匠，赛过诸葛亮"的团结协作精神；既培养学生的职业自觉、自律、自信和自强精神，又培养兼顾个人利益和集体利益的德艺双全品质。

三、立足学生特点完善新时代工匠精神课程思政内容

组织和构建工匠精神课程思政内容需立足高校学生的年龄特点、思想特点、心理特点、专业特点，紧扣工匠精神中的"报国情怀、时代风尚、工程伦理、自我成长"四个维度，分年级、分阶段、分过程、分内容贯通落实在职业教育课程的始终，实现工匠精神的思政要素与技术要素在目标制定、模块建设、典型项目、课程讲授等方面交汇融合，构建出独具职业教育特色的课程思政内容。

首先，在低年级中着重推动情感的认同和目标的锚定相统一，设置"制造强国、大国工匠、精益求精"等思政要点，选择思政维度和技术方向，形成课程素养目标；其次，在高年级中着重推动体悟和技能的提升相统一，分解思政要点和技术要点，形成课程素养模块；再次，在教育过程中着重推动实践与教育相统一，将学生关注度高、流量集中的企业典型案例作为教学案例，融入学校教育的思政元素，增设思政专项，形成技术素养典型项目；最后，按照工作过程典型任务编排教学任务，同步嵌入思政要求识记、思政行为操练、思政心得交流反思等思政任务，"形成思政与技术双螺旋递进的素养课程开发方法，重构课程与思政全过程融通的课程内容"①。

---

① 毛卫东.以特色文化建设为抓手，助推业务创新与技术变革深度融合：关于业务研发中心特色文化体系建设的思考[J]. 现代商业银行，2019（21）：13-19.

四、强化学生对专业、职业的认同感和责任感，培养学生的职业道德

在企业的生产实践中，不仅仅要求职业工作者具备坚韧不拔、耐心细致、持之以恒、乐此不疲、精益求精、精雕细琢的精神与职业情怀，还需要职业工作者具有爱岗敬业的精神与一身过硬的专业技术能力，还要能够在工作的实践中不断进行创新，只有具备爱岗敬业的精神，才能将工匠精神融入自己的工作中，才能在实际工作的过程中不断提高自身的能力。

在专业课程中融入工匠精神教育是课程思政的重要环节。职业教育的主要任务是培养专门的技术技能人才。将工匠精神融入专业课程教学的各个环节，有利于提升学生的实践操作技能和职业素养，以有效弥补学生在知识方面的不足。具体来说，首先，要把工匠精神融入专业课程标准和专业课程单元设计，将工匠精神培育内容列入人才培养方案，对接教材体系以显性或隐性的方式融入理论教学之中。在遵循课程思政原则下，在教育教学环节渗透工匠精神的理念。其次，将工匠精神的考核指标融入专业教育评价体系中，对学生进行量化考核。

在思政课教学体系中，要能够结合学生的专业学习与社会的实际需要，加强对学生的人文素质的培养，培养学生对职业的敬畏和专业兴趣，培养学生爱岗敬业的精神，重点培养学生热爱专业、热爱工作的职业情怀。在思政课教育与学习过程中，将培养学生的责任心、事业心、爱岗敬业的精神、感恩之心、团队合作精神、竞争精神有机地融合在一起，培育学生对职业的忠诚度，进而形成良好的职业情怀，教师要能够通过自己的言传身教对学生实施影响，提高学生对岗位职责的认知能力。

第二节 工匠精神融入高校思想政治理论课的内在耦合

习近平总书记强调，做好高校思想政治工作，要因事而化、因时而

进、因势而新。思想政治理论课是高校学生思政教育的主渠道，将工匠精神融入思想政治理论课，符合思政理论课与时俱进的特点。要在思政理论课中凸显工匠精神相关培育目标，应着力在各门思政课中渗透工匠精神的教学内容和精神实质。

工匠精神融入高校思政课，要遵循每一门课程的学理属性、知识特征、教育功能和授课目的，科学地融入各门课程中，而不是直接"植入"或内容上的简单替代。要把握好整体与重点的关系。所谓整体性原则，就是把工匠精神的内容完整地融入每一门思政课之中，思政课不能孤立地、割裂地、碎片化地讲解工匠精神，不能机械地与教材体系中的知识模块一一对应。重点性原则，就是要根据每一门课程的学理属性、知识特征、教育功能和授课目的，有针对性地突出某一价值问题的讲授。工匠精神融入"思想道德与法治""中国近现代史纲要""马克思主义基本原理概论""毛泽东思想和中国特色社会主义理论体系概论"等课程，实际上是要求这四门课要从不同层面、角度对工匠精神进行全面解读。

一、工匠精神与"思想道德与法治"课程

"思想道德修养与法治"课程，教师应结合伟大建党精神、中国共产党人精神谱系和中国精神等内容，明确工匠精神是中华民族不可或缺的精神财富之一，激发学生民族情感，培育学生爱国精神；在解述职业理想和职业道德时，可加入"尚巧大成""精益求精""道技合一"等工匠精神教育，塑造学生职业观与道德观。应基于培育和践行社会主义核心价值观角度，结合树立正确职业观，讲清楚新时代工匠精神是中华民族伟大民族精神和时代精神与社会主义实践相结合的产物，具有鲜明的实践性和时代性特点。在中国制造迈向中国创造的新时代，大国工匠具有新的历史使命和社会担当，精益求精的专业精神、忘我工作的敬业精神、勇攀高峰的创新精神是新时代大国工匠的共同品质。例如，中国精神是兴国强国之魂，中国特色工匠精神属于中国精神的一部分。回溯中国历史，追求专注与极致的工匠精神源远流长，解牛的庖丁、削木为镶的梓庆、操舟若神的津人，庄子笔下"与物同化"的匠人们，就已展现出专

注守心、物我两忘、执着技艺的精神境界与风骨。这种境界与风骨又分别演化为景德镇千年不熄的窑火、不用一钉"天衣无缝"的榫卯、华服冠绝的刺绣，悄然融进千年不衰的民族精神中。如果说传统匠人品质重点是守业精业，新时代工匠精神最突出的品质则应该是改革创新精神。工匠精神的核心要素是创新精神。工匠精神追求极致，必然要求以开放的视野吸收最前沿的创新技术，进而创造最顶尖的新成果。事实上，古往今来，热衷于创新和发明的工匠，一直是世界科技进步的重要推动力量。在新时代提倡工匠精神，具有强烈的时代意义。这是为了要急需造就一支守信念、懂技术的产业工人队伍，推动我国由制造大国向制造强国转变，从中国制造到中国创造跨越；这也是为了适应国际竞争，推动中国制造走出去的需要，在激烈的国际竞争中站稳脚跟。拥抱创新，才能推动技艺发展。"汉字激光照排系统之父"王选、"火箭发动机焊接的中国第一人"高凤林、先后八次打破集装箱装卸世界纪录的许振超等人，都是工匠精神的优秀传承者，他们让"中国制造"影响了世界。从"嫦娥"探月到"蛟龙"探海，从神舟飞天到高铁奔驰，工匠精神的时代内涵推及各行各业，成为全体劳动者的崇高境界。当前，在激烈的国际竞争中，我们只有崇尚工匠精神、做强中国制造，才能占据优势。各行各业的大国工匠们既是中国梦的筑梦师，也是中国梦的圆梦者，正因为默默前行的他们，我们的强国之路才能走得如此自信从容。

二、工匠精神与"毛泽东思想和中国特色社会主义理论体系概论"课程

"毛泽东思想和中国特色社会主义理论体系概论"课程，核心内容就是通过马克思主义中国化时代化的历程，向学生讲述马克思主义中国化时代化的重要理论成果。马克思主义中国化时代化的曲折历程是中国共产党人打破旧世界、建立新中国，实践并完善科学社会主义，建设社会主义国家的伟大探索，是中国共产党探寻并追逐伟大梦想的过程。马克思主义中国化时代化的理论成果蕴含着丰富的工匠精神内涵。马克思主义中国化时代化的理论成果既是一脉相承的，又是与时俱进的，更是因

地制宜的。毛泽东思想、邓小平理论、三个代表、科学发展观、习近平新时代中国特色社会主义思想都体现了马克思主义的基本原理，均是以马克思主义科学理论作为行动指南，坚持在实践中不断丰富和发展马克思主义。能够联系变化的中国国情民意，致力于解决不同时期中国发展面临的现实问题，同时为世界科学社会主义和共产主义运动作出自己的贡献。学习马克思主义理论的最终目的在于指导学生认识世界、改造世界。学习马克思主义中国化的过程以及相关理论，可以联系现实让学生辩证地探讨历史传承和与时俱进之间的关系，新时代的工匠精神一个重要的内容就是要处理好这层关系，马克思主义中国化时代化的过程与成果是信实的案例。

同时可结合工匠精神分析其在实现中华民族伟大复兴的重要精神支撑作用，并从工匠精神的历史演进过程和历史选择两个方面探讨工匠精神与民族复兴、国家富强的关系。结合"建成社会主义现代化强国的战略安排"，讲清楚我国从一穷二白到中国制造再到中国创造的工业发展历史，就是中国工人阶级奋进、开放、创新的历史，是工匠精神薪火相传的历史。深刻地阐明工匠精神是中国特色社会主义现代化进程中的重要价值观，是实现中华民族伟大复兴中国梦的精神动力，工匠精神有深厚的理论依据、文化根源，更有其实践基础。通过充实相关教学内容和改革教学方法，不仅可以促进学生对相关知识的认知、理解和吸收，还可以帮助学生领会工匠精神的内在价值和现实意义，从而加深对工匠精神的理解。

三、工匠精神与"中国近现代史纲要"课程

"中国近现代史纲要"课程，应基于历史和发展的视野，遵循中华民族伟大复兴的发展线索，讲清楚工匠精神造就中华民族的辉煌历史，讲清楚工匠精神推动世界文明发展进步的历史，讲清楚工匠精神成就中国制造业大国的历史，讲清楚工匠精神助推中国加速崛起。结合具体的重要历史事件、人物，阐述工匠精神在我国有深厚的传统基因，是中华优秀文化的重要组成部分，历史上中华民族就有尊崇和弘扬工匠精神的优

良传统。在引导学生理解和认同的基础上，从历史发展的维度来解读工匠精神，从而夯实大学生认知、认同工匠精神的历史和理性基础。

四、工匠精神与"马克思主义基本原理概论"课程

"马克思主义基本原理概论"课程，应基于马克思主义的劳动价值观，讲清楚在人类社会发展史上劳动起着决定性的作用，推动着社会关系发生变革，劳动是马克思主义世界观的实践基础；讲清楚"社会主义制度下的劳动真正体现出劳动者的自主性，劳动不再是异化的、外在的、脱离了人的本性的东西，劳动者通过自己的劳动肯定自己，在劳动中感受幸福"。运用马克思主义辩证唯物主义、历史唯物主义的基本原理，讲清楚工匠精神与劳模精神、工匠精神与科学精神在产生机制、评价标准、时代背景、职业基础等方面存在明显区别，在文化底蕴、价值导向、社会实践等方面也具有共同特征。讲清楚在新时代大国工匠在劳动中创造价值、收获幸福，摒弃歧视劳动、批驳否定劳动创造价值的错误言论，帮助学生深刻理解劳动价值观问题上继承、发展与创新的辩证关系。

通过理论学习，帮助学生澄清模糊认识，形成正确的认知，增强传承工匠精神的认同感，激发爱国情怀，增进对大国工匠的敬意。引导学生在择业的关键时期，树立起"幸福源自奋斗""成功在于贡献""平凡孕育伟大"的价值观，帮助学生扣好择业的人生第一粒扣子。

概而言之，课程教学是绝大多数高校开展思想政治教育工作的主渠道，因此，要在各类课程教学中渗透工匠精神，将工匠精神融入课程教学的各环节，通过优化课程目标和课程设置，提高课程教学评价标准，充分挖掘和运用各门课程所蕴含的工匠精神育人元素，开发一系列富有工匠精神的精品课程，引导学生树立正确的职业观念，形成良好的职业道德，培养专注、敬业、追求卓越的精神。通过激活课堂教学各环节，创新课程教学方式方法等，激发学生学习工匠精神相关内容的兴趣，在课程思政教育过程中深刻理解工匠精神的内涵，将工匠精神融入课程育人全过程，充分发挥课程育人的实效性和针对性。

第三节　工匠精神培育背景下高校思政课理论教学方法的积极推进

在守好课堂教学"责任田"的基础上，各类课程都要融入思想政治教育内涵，形成"大思政"协同育人效应。高等学校在培育知识型、技能型、创新型人才的同时，必须注重学生工匠精神的培养。

一、工匠精神培育背景下构建高校特色工匠课堂

思政课教师可以根据工匠精神教辅读本，将工匠精神的理论基础部分分成几个模块，在课堂上对学生可用专题讲座或项目教学法开展传授讲学。我们要鼓励学生树立工匠精神理念。待学生理解之后教师要交叉讲解一些国内外著名工匠专注工匠技能的案例，来提高学生认知度。每次上课还可以融合学生的专业实践进行探究，指引其充分认可和热爱本身所从事的专业，从而达到使学生喜欢专业甚至专注热爱专业的目的。

要深入挖掘专业课程中蕴含的思想政治资源，以培养下得去、留得住、用得上、干得好、服务社会的应用型人才为培养目标，制定工匠精神融入专业课建设的实施方案。加强思政课教师与其他专业课教师的联系，思政课实践教学与专业实习相结合，发挥思政课与课程思政合力，形成协同效应，让学生在实践中体悟工匠精神，在磨炼意志和增长才干中感受劳动的乐趣和收获，从而培育辛勤劳动、精益求精、勇于创新的精神气质。

二、工匠精神培育背景下创建工匠精神手机微课堂

自媒体时代，高校学生平时生活工作和智能手机息息相关，他们得到信息和知识的途径变得更加方便。高校在开展工匠精神教育的时候，根据学生和智能手机的特征创建手机微课堂。事实上，这也是学生自主在线学习，是对学生线下课堂教学的有效补充，因此思政课教师必须要精心构建手机微课堂。如可以以班级为单位构建微信群、QQ教学群，认

真准备好工匠精神的理念、工匠名人访问录、优秀企业风采录等，不同时段以微课的形式挂在微信、QQ 教学群里，要求学生线上签到自主观看，而线下则组织学生回答问题、撰写心得体会、撰写研究报告等。这些方法可以有效地缓解高校思政课课时数不足的问题，也可以有效缓解学校财力不足导致学生"走出去"难、工匠"请进来"难的尴尬局面，同时也可以实现教育学生的目的。学校各个部门应特别注重学生工匠精神的培育，并在人力财力上增加手机微课堂支持力度。教务处应该积极合作，构建工匠精神视域下的智能手机微课堂，并把它作为高校成人学生教育教学的必修课程。唯有如此，学生才能关注手机微课堂，使他们自愿地追求和重视有关内容，从而实现开放教育的目的。

三、工匠精神培育背景下丰富课程内容

习近平总书记指出，"中华民族几千年来形成了博大精深的优秀传统文化，我们党带领人民在革命、建设、改革过程中锻造的革命文化和社会主义先进文化，为思政课建设提供了深厚力量"，挖掘课程思政基本元素的重要努力方向就在于此。

（一）以优秀传统文化涵养培育工匠精神

优秀传统文化是中华民族的根和魂，是我们在世界文化激荡中站稳脚跟的根基。中华优秀传统文化经由数千年历史变化，世世代代中华人民的劳动创造，汇聚成一种历史悠久、特点鲜明、源远流长的传统文化，它反映出优秀的民族特色和民族风貌，是中华民族思想文化、意识形态的总体表征，同时也是民族文明、民族风俗以及民族精神的总称。而工匠精神作为中国传统文化的重要组成部分，是从业者职业道德与职业水平的体现，以及一种自我工作的行为状态和价值取向。另外，它还是民族精神的缔造者和民族文明的传承者，不但具有敬业、专注、娴熟、创新、精益求精等优秀特点，还充分展现出我国古代娴熟的手工艺与卓越的科技发展。

以中国花丝镶嵌为例，这是一门传承久远的中国传统手工技艺，是

"花丝"和"镶嵌"两种制作技艺的结合。与景泰蓝、玉雕、雕漆等八大工艺门类合称为"燕京八绝",充分汲取各地民间工艺的精华,开创了中国传统工艺的新高峰。花丝镶嵌是选用贵重的金银通过压条,抽成发丝一般细的丝,采用掐、填、堆、垒、编、织、攒、焊等传统技法,将金丝弯曲勾勒成各种造型,镶嵌以玛瑙、翠羽和各色宝石,是一种复杂烦琐的工艺。一件精美的花丝镶嵌工艺品的背后,往往浸润着无数匠人的心血和汗水。这些内容都有助于增加学生对优秀传统文化的认知和理解,提升学生的文化认同和文化自信。

(二)在传扬革命文化中培育工匠精神

革命文化是近代特别是五四新文化运动以来,在党团结带领人民进行的伟大斗争中培育创造的思想理论、价值追求、精神品格,是中华民族革命斗争历史的高度文化凝聚。工匠精神是从业者在生产过程中精雕细琢、精益求精、追求极致、臻于至善的工作状态与价值理念,是每一个行业不可或缺的思想文化,是创造美好生活的力量之源。

革命文化与工匠精神在价值理念、内涵效能等多个维度同频共振、同条共贯。因此,在大力传扬红色文化中培育新时代工匠精神,是锻造具有中国特色、中国气派和中国风格的工匠精神的内在需要,是实现制造大国到制造强国、中国制造向中国智造转变的必由之路。

革命信仰是革命文化的内核,是党和人民在革命、建设、改革不同历史时期不懈奋斗的动力之源,在前行道路上无坚不摧、无往不胜的精神法宝。高校思政课应以以理想信念凝聚价值共识。应进一步挖掘整理红色文化的信仰特质,探究其与新时代工匠精神的内在耦合逻辑,用理想信念凝聚各行各业劳动者的价值共识,进而转化为从业者践行工匠精神的自觉,引领他们走技艺兴业之路,推动中国制造转型升级,促进经济社会高质量发展。

高校思政课应以先进典型进行示范引领。深入挖掘革命先烈、英雄人物、先进模范等典型人物身上所体现出的工匠精神和工匠素材,讲好不同历史时期的红色工匠故事;加大对新时代劳模先进事迹的宣讲传播,让新时代劳模精神进入千家万户;注重从各行各业普通劳动者中挖掘坚守一线、无私奉献、精益求精的工匠人物，培育选树一批践行工匠精神的先进典型。

高校思政课应以人民立场彰显价值理性。红色信仰和工匠精神都内蕴深厚的人民情怀，培育新时代工匠精神须教育引导学生树立"一切为了人民"的工作理念，始终把人民放在心中最高位置，把不断满足人民对美好生活的向往作为价值追求。

革命文化蕴含着不畏艰险、勇于牺牲、艰苦创业、顽强拼搏的意志品质，与工匠精神所提倡的劳动品格相融贯通。在实现中华民族伟大复兴中国梦的征程中，高校思想政治教育应从革命意志中汲取精神动力，帮助学生锤炼以坚持奋斗、顽强坚毅、执着专注为品格特质的工匠精神。

同时，革命文化蕴含着丰富的政治智慧和深厚的红色情怀，与工匠精神所彰显的爱国主义、大公无私、忠诚担当的情怀具有内在契合性。红色情怀为工匠精神的培育提供了价值导引和实践准则，并为培育工匠精神注入情感温度。高校应致力于引导学生从红色情怀中感悟情感温度，铸就以爱国主义为基础的工匠精神，从而形成广泛的文化共鸣和高度的行动自觉；应将个人追求和国家民族发展联系起来，为国家富强、民族振兴、人民幸福努力奋斗，书写无愧于时代的精彩人生。在思政课中用革命文化引领学生牢记初心使命，永葆对党和人民的赤胆忠诚、干事创业激情，强化责任担当、乐于无私奉献，在本职工作中发光发热。将红色情怀作为"净化器"，教育引导学生遵循职业规范、恪守职业道德、锤炼职业操守、厚植职业情怀，自觉抵制各种外部干扰和物欲名利诱惑。

（三）在社会主义先进文化感召下培育工匠精神

先进文化引领时代航向，优秀精神彰显时代价值。社会主义先进文化是在建设社会主义国家、推进中国特色社会主义伟大实践进程中形成的面向现代化、面向世界、面向未来的先进文化。"社会主义先进文化与现实生活贴得最近，具有很强的现实性、时代感，相当多是伴随学生成长、有切身体会的内容"[①]，因而是鲜活生动感人的思政元素，能够引发

---

① 刘诗宇."红色文化"融入高职院校思政课实践教学探究[J].魅力中国，2021（5）：400-401.

学生的强烈共鸣。

社会主义核心价值观是社会主义先进文化的精髓，是社会主义现代化强国建设征程中最核心、最重要的价值原则和价值信仰，是当代中国精神的集中体现，凝结着全体人民共同的价值追求。社会主义核心价值观是中华儿女进行价值判断和行为选择的重要依据。工匠精神蕴含的职业情感、事业态度和时代精神与社会主义核心价值观在价值准则、价值方向和价值目标上具有高度耦合性。

社会主义核心价值观从个人层面对人的价值底线、道德规范提出了基本要求。只有爱国才能担当时代赋予的强国使命，只有敬业才能在创造财富中实现人生价值，只有诚信才能赢得事业发展的良好环境，只有友善才能形成和谐的人际关系。社会主义核心价值观的培育和践行为弘扬工匠精神提供了精神前提与价值指向。

（四）在塑造职业技能与职业素养下培育工匠精神

工匠精神包括职业技能与职业素养两部分，高校思想政治课程内容也可依照这两部分内容充实教育素材。教师可在思想政治教育内容中设置职业技能与职业素养模块，分别负责学生的理论培育与实践训练工作。在职业技能中，教师可按照学生所学专业，设置一些技能训练、技能模拟活动，要求学生分组设计并参与实训项目，在这一过程中教师从旁讲述团结合作、坚持不懈、认真敬业的工匠精神，引导学生亲身感悟。在职业素养中，教师可在思想政治教材基础上增加一些课外具有工匠精神的人物故事、名人解读等素材，给学生播放一些"最美劳模""最美乡村人物""道德楷模事迹"等视频、纪录片，要求学生发现并捕捉身边的"工匠事迹"，比如不辞劳苦的教师、辛勤耕耘的园丁，将获取的信息转变为学习资源与其他同学分享，在这一过程中，学生能深切感受工匠精神带来的影响。

四、工匠精神培育背景下探索多种教学方法

(一)善用社会鲜活事例，让新时代思政课更有新意和吸引力

思政课如果照本宣科、简单说教，不仅容易让学生觉得枯燥乏味，而且难以让其领悟其中深意。增强内容的吸引力，是促进思政课发挥感召效果的前提。社会现实生活中永远存有最真实、最生动、最丰富的题材，善用具有贴近实际、贴近生活、贴近学生的鲜活案例可以提升"大思政课"论理的说服力。不到30岁的郑兴已经在中国载人航天、月球探测等工程的航天器焊接任务中挑起大梁；"90后"工程师胡洋带领团队实现了大飞机机身数字化装配零的突破，效率提高百倍，精度达到毫米级；2017年，年仅28岁的陈行行成为中国工程物理研究院机械制造工艺研究所首位特聘技师，领办高技能人才工作站，在他身边，25名全国技术能手和许多青年职工成为科研生产的中坚力量，他们一起破解了一道道难题，也将一个个"不可能"变成"可能"。"执着专注、精益求精、一丝不苟、追求卓越"，对职业和技能的热爱，对肩上责任和心中信念的执着，一点一滴汇聚起中国工匠们技能成才、技能报国的孜孜追求。这是中国技能闪耀世界的奥秘所在，也是中国始终勇往直前、敢于探索、勇于创新的关键力量。这些生动的事例广为流传，是面向学生进行说事论理最新鲜、最深刻的思政课素材。讲好新时代"大思政课"要"因事而化、因时而进、因势而新"，不断推陈出新，及时把国家大事、经济热点、民生话题等转化为鲜活的教学素材，积极回应学生关切问题，真正让思政课在内容上与时代同行、话题上与现实同步，让学生在学习中实现观念与理论共振、梦想与初心同频，既让学生感觉到思政课有滋有味，又进而增强思政课的思想性、理论性和针对性的特征。

(二)运用小组合作教学，积极配合，提高课堂教学效果

在高校思政课教学中，教师首先要注重培养学生的集体主义精神，注重发扬我国五千年历史文化的优良传统，使学生成长为集体荣誉感较

强的人；其次，教师要灵活合理地运用各种教学方法，给予学生正确、及时的引导，使学生掌握交流的技巧，且乐于、善于分享。小组合作的学习方式与工匠精神中的团结协作有着极强的契合性，使学生认识到团队合作的重要性，使学生能够正确把握自己与他人、自己与集体的关系，帮助学生树立正确的人生观和价值观。

小组合作学习是当前教育体制中最为流行的教学模式，主要是指将所有学生以个人能力的差异进行分组，在小组中有能力较差的学生，也有能力较强的学生，通过小组结合让学生之间的能力差异得到互补，突出"组内异质，组间同质"的特征，然后让各个小组之间开展竞赛，通过竞争让小组学生的主动性得以提升，让学生能够激发起斗志，从而提高大学思想政治理论课程的教学效率。在高校思想政治课程中实施小组合作教学模式，首先要确保教师的素质和能力，教师要能够具有人格魅力，通过扮演引导者角色，设置一些思想政治讨论试题，让学生主动探讨、积极探索，能够积极创新，利用小组进行合作学习，帮助小组学生进行相关资料的搜集，然后给予小组成员足够的课堂讨论时间，让小组成员进行深入探讨，发表自己的观点和设想，然后小组成员进行研究，集思广益，充分调动所有学生的积极性，增强深化和扩展学生的思政观点。在思想火花的碰撞和交锋中，激发师生对问题的深入思考和讨论。最后，以教师点评收尾，教师不仅要以正确的价值观为指导对讨论主题进行总结，还要注意对学生的讨论进行精准滴灌式引导，尤其要注意矫正一些有代表性的错误认知，做好学生价值引领工作。高校思想政治教师通过小组合作学习的方式，可以突显学生的主体地位，让学生体会到自己的重要性，优化思政课堂结构，彻底改变传统思想政治理论教学模式，调动学生的求知欲和积极性，能够让学生在小组讨论中体会不一样的课堂色彩，丰富学生的文化视野，让学生在分析问题过程中增强探究能力，对学习价值有一个正确的认识，让学生的思想和情感得到迅速升华。所以说，在高等院校思想政治课程教学中实施合作学习这一模式，是符合时代发展潮流的，对促进学生素养有所帮助，也可以培养学生的政治素养，提高了思想政治教学课堂的实效性。

（三）构建良好的师生互动，提高课堂教学有效性

思政课堂上学生认知有两个特点:一是直观化倾向，轻视理论思维和学习，不盲从，不轻信说教，凡事凭思考后的感觉进行判断选择，追求真实，厌恶虚假。二是个体意识凸显，在认知、意志、情感等方面注重意识独立性，强调个性化，思想观念、生活方式表现出自身的个性；视野开阔，注重独立思考，不局限于教师和教材；参与意识和表现欲望强烈，希望显示自身价值。

思政课互动式课堂教学正是在把握学生认知特点基础上的一种教学方法。互动式课堂教学，是在教师启发和引导下，师生之间、学生之间采用对话、研讨和交流的学习方式，形成和谐的师生互动、生生互动、学生个体与学习中介互动、师生与环境互动的学习机制，以调动学生学习主动性，启发学生创造性思维，培养学生能力，塑造学生良好个性。

工匠精神所需要的不仅是学生具备技能，更要求学生具备创新思维和自主学习能力，互动教学的方式与工匠精神的培养具有良好的契合性。在互动教学中，学生可以自主地思考问题，探索解决问题的方法，从而培养学生的创新思维和实践能力。同时，互动教学还可以激发学生的好奇心和求知欲，让学生更加主动地学习和探索，从而提高学习效果。一分钟的思考抵得过一小时的唠叨。面对教学上的重难点，教师与其不停地说、不停地讲授，倒不如让学生去发现问题，去怀疑，去探究，去挖掘，让学生思维碰撞的火花点燃知识之光。

在互动式教学中，学生可以自由地表达自己的观点和想法，教师则可以通过互动交流了解学生的学习情况和需求，从而建立起互相信任和尊重的良好关系。通过这种方式，学生可以更加主动地参与到课堂教学中来，教师也可以更好地了解学生的学习状态和需求，从而更好地指导学生。可以说，互动式教学有助于增强师生之间的信任，因为在这种教学模式下，教师和学生之间的关系更加平等和尊重。教师不再是单方面地灌输知识，而是和学生进行真正的互动交流，了解学生的想法和需求，听取学生的意见和建议，这样可以更好地建立起师生之间的信任和沟通，让学生更加愿意主动参与到课堂教学中来。

（四）站在素质教育的高度，构建自主型课堂教学模式

自主型教学方法是由师生共同建构而成的，在运用自主型教学方法的过程中，需要扩大学生的自主性和能动性，而教师的作用就是在学生需要时从旁作出适时的指导。实际上，自主型教学方法的运用范围和广度取决于学生的年龄特点和心理发展水平，随着大学生学习能力的逐渐提高、自我意识的逐步觉醒和强化，他们将越来越由接受性学习走向自主性学习和研究性学习。自主型教学方法的实施过程也是学生巩固知识的过程，在学生学习空间不断扩大的同时，教师指导学生运用知识的方向也应该随之迁移。

相比较而言，学生的自主探究性活动是一种全新的、以问题解决为取向的学习活动，因此，自主型教学方法的运用对教师提出了很高的要求。一方面，要求教师能够指导学生设计活动方案，为学生活动提供基本的条件；另一方面，要求教师具备民主的精神、开放的胸怀以及平等的态度，促使学生开展自主性的活动探究，并掌握介入学生活动的尺度，给学生有自主探讨、成果交流和展示的机会。

（五）打造翻转课堂，提升教学实效

翻转课堂是一种以学生为中心、以任务驱动的学习模式。可以说，工匠精神和翻转课堂相辅相成、互为支撑。从学生角度来说，工匠精神的需求与其学习自主性、探究性、实践性等要求高度重合，可以推动学生不断探究、改进、实践、创新。从教师角度来说，工匠精神是教师在翻转课堂应用中所具备的核心竞争力，要求教师在课程规划、教学设计、任务布置、学习跟踪等各个方面进行挖掘和发掘。

利用翻转课堂开展教学来培养学生的工匠精神。要想培养学生的工匠精神，教师就必须在授课过程中不断深入结合教学内容、教学目标和职业素养，在教学内容中潜移默化地融合工匠精神，借助翻转课堂的教学手段，使学生成为课堂的主体，调动学生的学习积极性，教师在课堂上更多充当的是引导者的角色。

1.课前导学——渲染工匠精神

课前，教师要根据实际设置教学任务，提出相应的学习目标和学习要求，在网络学习平台上推送相应的视频、动画、网页链接、案例导学、PPT、教案等教学资源和课程任务单，并发起讨论，进行在线答疑，对课前的知识、技能、素养进行相应的测试。在资源推送过程中，不仅要推送相应的知识技能点，还要推送行业特有的工匠精神形成的历史过程、具体内涵、外在表现、代表人物、经典案例等，使学生感受到所学专业的魅力，更专注于专业知识学习，从而促使其思维和言行更具职业特质。在讨论答疑、在线测试过程中，教师还要增加专业素养环节，在课前传授知识技能的同时进行工匠精神的渲染。

2.课中学做——内化工匠精神

课堂是培养每一个学生工匠精神的主战场。课中，师生要对课前导学中出现的重难点问题共同予以解决。在解决问题的过程中，可以促使学生养成术业专攻、精雕细琢、精益求精的职业素养；在实践操作中，通过教师点评、小组互评、学生操练和反复完善，可以获得专业理论知识转变为直接生产力的成就感，使学生领略到专业魅力，从而提升爱岗奉献的敬业精神和锲而不舍、勇于创新、吃苦耐劳的职业品质。翻转课堂的头脑风暴、摇一摇选人、辩论讨论、举手抢答等有趣的课堂活动环节，更是增强了学生对工匠精神的直观感受，实现了工匠精神的有效内化。

3.课后拓展——固化工匠精神

在翻转课堂中，课堂的结束并不意味着学习的结束。课后，学生要对知识、能力、素养的提升进行总结，把上课过程中的作品以及出现的问题提交给企业师傅，由企业师傅进行点评，并对学生课后拓展中的反复练习给予建议。教师要根据行业企业标准、岗位目标、学生的学习效果、企业师傅的点评进行反思，及时调整下次课程的课前、课中资源推送和活动开展情况，为工匠精神在翻转课堂的渗透打下良好的基础。学生在企业师傅和学校教师的双重指导下进行总结和拓展练习，可以有效实现工匠精神的固化。

采用翻转课堂教学方式，可以改变传统教学模式的弊端，传统的课堂教学模式经常会使学生感到枯燥乏味，所以必须挣脱传统教学模式的束缚，使课堂教学变得更加生动有趣。教师可以创设一些课堂情境，不断引导学生通过自己的能力去完成一些实践性的任务，让学生不断通过自身的努力去寻求解决问题的方法，使学生可以自主思考问题，在动手实践操作的过程中解决问题，将工匠精神的内涵落实到教学过程中。长此以往，将工匠精神在不知不觉中进行内化，学生就会形成良好的职业习惯和素养。与此同时，教师也要让学生明白，当今的市场最需要具备工匠精神的劳动者，只有具备了工匠精神，才能提高自己的竞争力。

第六章　工匠精神培育背景下高校思政课程创新的实践路径

　　高校思想政治理论课实践教学是思政课教学的重要组成部分，是指学生在教师指导下，通过阅读、观察、讨论、调研、实践参与、社会服务等形式，有目的、有计划、有组织地提高实践理性和实践能力，增强对马克思主义和中国特色社会主义等先进思想的认同，坚定理想信念，提升人格修养和社会责任感的教学活动。思政课实践教学与理论教学活动相辅相成，在推动理论知识的掌握、思想价值观的内化与实践运用中发挥着不可替代的作用。与理论教学的系统性和逻辑性不同的是，实践教学注重在实践中加深对特定理论知识的理解，在实践体验之中实现知行合一。工匠精神既是理论精神也是实践智慧，工匠精神的培育既需要理论引导，也需要在实践中涵化加强。通过实践探索实现课堂理论由表及里、融会贯通的教学效果。

第一节　实践教学及其内在属性

　　所谓实践思政是指一整套实践思政育人体系的建立，包括推动传统意义上的思想政治理论课和课程思政的实践思政改革，在第一课堂（教学课堂）设置实践教学学分，增加思想政治理论课程的实践教学内容，让学生在实践中感受到所学有用；充分发挥第二课堂（社会课堂）的实践思政育人优势，引导学生深入社会实践、关注现实问题，培育学生良好的职业素养，让学生通过具体的实践活动，激发内源性学习动力；整合网络教学资源，丰富第三课堂（网络课堂）实践思政资源，注重学生与教师、学生与学生之间的互动学习，打造真正意义上的线上与线下、校内与校外一体化实践思政育人体系。

实践思政的探索是通过课堂实践教学环节和社会实践活动，帮助学生将学到的本领运用到实际工作中去，围绕"知识传授与价值引领相结合"，"以新思想、新知识推动实践，又以新的实践启发思想认识，在理论与实践的螺旋式上升过程中不断增强专业技能和思想认识"①，有效建立起"大思政课"显性教育和隐性教育的互融互通。

一、高校思政课实践教学缘起

2004年，中共中央、国务院在《关于进一步加强和改进大学生思想政治教育的意见》中明确肯定社会实践对大学生思想政治教育的重要性："社会实践是大学生思想政治教育的重要环节，对于促进大学生了解社会、了解国情，增长才干、奉献社会，锻炼毅力、培养品格，增强社会责任感具有不可替代的作用。"文件要求高等院校积极探索，将社会实践纳入学校的总体规划，研究社会实践保障体系，探索相关长效机制。随后，中共中央宣传部、教育部发文要求高校落实中共中央、国务院文件精神。2005年2月，《中共中央宣传部教育部关于进一步加强和改进高等学校思想政治理论课的意见》（教社政〔2005〕5号，以下简称《意见》）出台，给思政课开展实践教学提出了明确的要求："高等学校思想政治理论课所有课程都要加强实践环节，要建立和完善实践教学保障机制，探索实践育人的长效机制。"2018年4月，教育部印发《新时代高校思想政治理论课教学工作基本要求》，提出"从本科思想政治理论课现有学分中划出2个学分、从专科思想政治理论课现有学分中划出1个学分，开展本专科思想政治理论课实践教学"。由此思政课实践教学在各高

① 王淼，李玉才.新时代高校思政课引领社会思潮的逻辑理路[J].河北青年管理干部学院学报，2022，34（06）：56-57.

等学校成为正常教学活动的重要组成部分，实践教学的落实情况成为考察思政课成效的重要考察点。2012年，教育部等部门联合发文《关于进一步加强高校实践育人工作的若干意见》，提出"进一步加强高校实践育人工作，是全面落实党的教育方针，把社会主义核心价值体系贯穿于国民教育全过程，深入实施素质教育，大力提高高等教育质量的必然要求"，同时指出实践教学是实践育人的主要形式之一，要把实践育人摆在人才培养的重要位置。在一系列全国性会议中，思政课对于党和国家伟大事业的重要意义，对立德树人的重要价值多次被强调。高校思政教师深受鼓舞，也深感责任重大，思政课实践教学也受到更加广泛的重视。2018年4月，教育部印发《新时代高校思想政治理论课教学工作基本要求》，要求制定实践教学大纲。2019年3月18日，习近平总书记在全国学校思想政治理论课教师座谈会上，提出改革和创新思政课教学的"八个统一"，成为改善思想政治理论课的重要遵循。在这"八个统一"中，其中就有坚持"理论性和实践性相统一"，将实践上升到原则与方法论的高度。2022年，教育部等十部门印发了《全面推进"大思政课"建设的工作方案》，提出要坚持开门办思政课，充分调动全社会力量和资源，建设"大课堂"、搭建"大平台"，构建科学规范的思政课实践教学体系等，为新时期高校思政课实践教学探索推进指明了方向。随后，教育部会同有关部门联合设立首批"大思政课"实践教学基地。新时代"大思政课"要充分发挥各实践教学基地的高质量实践育人功能。

从教育部和国务院近年来印发的关于高校教育相关文件可知，其对于思政课的开展提出了更高层次的要求，特别是注重实践教学的发展、教学方式的创新、教学质量的提升等方面。创新实践教学的方式，让思政课程具有更深层次的革新，已经成为当前课程改革的共识。

二、高校思政课实践教学的理论依据

（一）实践观是马克思主义的基本观点

实践的观点是马克思主义的基本观点。在《关于费尔巴哈的提纲》中，马克思强调："从前的一切唯物主义（包括费尔巴哈的唯物主义）的主要缺点是：对对象、现实、感性，只是从客体的或者直观的形式去理解，而不是把它们当作感性的人的活动，当作实践去理解，不是从主体方面去理解。"马克思强调实践是人类特有的存在方式，是人类认识世界的来源。实践具有主体性、自主性、目的性，是人类自觉利用自然规律改造目标对象的活动，是主观见之于客观的过程。

马克思主义实践观强调理论的实践性，在马克思看来，马克思主义哲学的根本使命不是解释世界，而是改变世界。理论也好，认识也好，最终的目的是实践。理论来源于实践并指导实践，脱离了实践，理论就会失去光彩与价值。具体到思政课教学上，思想政治理论是人类实践的精华，是抽象而凝练的，教育学生掌握这些精华，对于提升学生的认识与修养具有重要意义。思想政治教育过程中，有两个问题很关键：一是如何让学生认识这些理论精华；二是如何运用这些精华指导社会生活。要针对性地解决这两个问题，实践的价值就凸显出来了。毛泽东注重实践。实事求是是他的思想精髓，贯穿了他的一生。毛泽东写成于1937年7月的《实践论》中写道："真理的标准只能是社会的实践。实践的观点是辩证唯物论的认识论之第一的和基本的观点。"在《新民主主义论》中，毛泽东也写道："真理只有一个，而究竟谁发现了真理，不依靠主观的夸张，而依靠客观的实践。只有千百万人民的革命实践，才是检验真理的尺度。"实践具有将抽象具象化的能力，在抽象与具象的反复对照中，软化理论的刚性、稀释理论的厚重、展示出理论的魅力。实践使得理论有了使用的场景，实践还在特定情势的处理中展现了理论的洞见，从而让学生进一步确认了理论的价值，有着更大的动力内化理论，实现思想与价值观上的提升。将感知实践引入思政课教学，可以增加思政课魅力，"擦亮"理论，促进马克思主义理论内化，推动学生的全面发展。

实践思政充分体现了马克思主义实践观。在思想政治教育中，受教育者只有经过实践的检验和理性的反思才能真正将所受教育内化于认知结构，改变自身思维方式，从而纳入引导性的观念体系，达到思想政治教育的最终目的。由此可见，实践在创造客体价值和优化主体思想方面，既促进社会意识形态的传播和发展，也促进个人思想政治素养的提升。

在思想政治教育过程中，实践是来源，也是最终目的。

（二）实践是思政课教学目的实现的重要手段

思政课是意识形态主导的课程，传统或习惯上，人们认为"你听我讲"的宣讲式或灌输式是最直接或最有效的，这种模式瞬时效果毋庸置疑，但是否内化则必须在具体情境下检验。过去，囿于资金、组织能力的有限性，思政课开展实践教学确实难度很大，但是伴随国家对教育特别是思政教育的重视力度越来越大，加上日渐便利的科技、交通、通讯、网络等手段与媒介，组团参观、跨区跨市参观调研、云访谈、VR体验、网络情境模拟等已成为可能，实施实践教学的途径和方式被大大拓宽，因此实践教学作为一种有利于教学目标达成的手段理应成为常设的教学手段。

立足于新时期的发展，我国对高校思政课开展的各个方面提出了更高的要求，同时也指明了正确方向和新的发展路径。实践教学作为辅助课堂教学的有效教学形式，也是新时代要求高校思政课开展的主要方向和创新要点。引入实践教学，目的在于进一步深化思政课理论知识的创新教学路径，通过实践的方式，让学生进一步领悟思政理论知识的重要内涵。通过思政实践教学的开展，深化建设以及确保其能够自觉践行社会主义核心价值观。

（三）加强实践教学是适应新时代大学生特点的教育

新时代的大学生以"00后"为主，他们出生在中国经济和技术高速发展的年代，物质条件相对父辈要优越很多，"贫困""辛劳"不再是他们成长过程中的高频词汇。其成长的前20年，主要以课堂学习为主，校园、应试教育在他们身上打下了较重的印记。"00后"仍然属于计划生育政策下的一代人，独生子女的比例较高，在家庭中他们获得的关注和关心比较多。与此同时，"00后"还是互联网"原住民"，网络伴随其出生到成长，是生活中不可或缺的工具，网络拓展了他们接受信息的渠道，网络营造的虚拟社会是其生活的社会环境的重要组成部分，影响着价值观的形成。"00后"也是中国充分参与全球化时代的同龄人，市场经济和全球化大大推动了商品经济的发展，社会发展节奏和竞争激烈程度远超过父辈，商业活动和契约逻辑对他们来说毫不陌生。

如此社会背景下成长起来的"00后"，有如下较为明显的特点：对新事物持开放欢迎的态度，接受新事物速度快、融入快。与其"70后""80后"的长辈相比，"00后"生活在"去中心化"的新媒体盛行的年代，他们个性自由，尊重差异认同，崇尚多元，理性务实。较低的物质压力，使得"00后"的人生规划中物质追求不一定是第一考虑，更多是关注自我的情感体验和价值实现，在实际生活中也乐于展现自己的"小确幸"。

新媒体的泛娱乐化常常导致一部分"00后"思维片面，甚至将理性或者严肃看成是没有娱乐精神，从而导致真与假、虚与实、公与私分界的模糊，部分青年甚至因此丧失了基本的责任意识和逻辑理性，浸泡在某些"二次元"文化中不能自拔。面对这样一群新时代大学生，高校思想政治教育工作绝对不能保守在传统的理论灌输教育里，让青年远离商业和利益追寻，避免过度迷恋网络，要求他们树立积极的责任感和使命感，简单说教收效甚微。为此研究"00后"青年，创设实践情形，让青年通过实实在在的实践活动，真实体悟到什么是辛苦、什么是磨炼、什么是意志、什么是担当，而不是停留在网络幻象中。再有，针对"00后"青年网络"黏度"较高的特点，可以利用网络技术和新媒体工具，创设以网络为媒介的实践活动，鼓励青年积极参与。针对"00后"青年爱关注自我情绪体验和价值实现的特点，可以设置传统文化体验、小组主题活动等特色体验活动，将个人情绪与学习有机结合起来。

三、习近平总书记关于思政课实践教学重要论述的思想指引

习近平总书记一贯重视理论与实践相结合的原则，他认为"既把学到的知识运用于实践，又在实践中增长解决问题的新本领"，倡导学用结合、知行合一。党的十八大以来，习近平总书记围绕"如何上好思政课""如何发挥思政课实践教学的积极作用"等问题形成了许多具有鲜明现实

意义的重要阐述，高瞻远瞩、提纲挈领，为做好高校思政课实践教学指明了方向。

要落实实践教学立德树人的根本任务。习近平总书记曾多次强调"思政课是落实立德树人根本任务的关键课程"，要"把立德树人融入思想道德教育、文化知识教育、社会实践教育各环节"。加强实践教学，拓展了立德树人的时空广度，有助于更好地引导青年学生在实践中学到真知识、练就真本领、解决真问题。开展实践教学，重在深度认识和把握思政课实践教学规律、学生认知规律，坚持自我价值与社会价值的辩证统一，既要为青年学生德智体美劳全面发展创造充分的社会条件，又要积极引导青年学生在实践过程中发挥特长、展现优势、增长才干，成长为德智体美劳全面发展的社会主义建设者和接班人。

要注重实践教学环节要素的统筹协调。在实践教学的规划、安排上，习近平总书记指出，"要坚持理论性和实践性相统一，用科学理论培养人，重视思政课的实践性，把思政小课堂同社会大课堂结合起来"。在实践教学的内容、形式上，他强调，"要更加注重以文化人以文育人，广泛开展文明校园创建，开展形式多样、健康向上、格调高雅的校园文化活动，广泛开展各类社会实践"。在实践教学的理念、原则上，他认为，"要坚持关心厚爱和严格要求相统一、尊重规律和积极引领相统一，教育引导青年正确认识世界，全面了解国情，把握时代大势"。对实践教学环节要素的把握和统筹，使我们更加熟悉实践教学的课程规定、形式方法和授课规律，不断提升实践教学在青年学生心目中的满意度和认可度。

要确保实践教学内容形式的常学常新。当今社会，国内外形势变化日异，改革发展的任务要求不断提高，思政课实践教学的内容和形式也必须跟上时代。习近平总书记指出，"教材给出的是教学的基本结论和简要论述，要让不同类型的学生都爱听爱学、听懂学会，需要做很多创造性工作。要在教学过程中进行多样化探索，通过多种方式实现教学目标"。实践教学的观念革新、内容革新，要做到新旧结合，不仅要用好"社会调查""暑期三下乡"等传统实践教学方式，还要积极尝试、探索运用新媒体新技术使教学工作活起来，增强实践教学的时代感和吸引力。

要做到实践教学育人内容的史今互文。习近平总书记在湖南考察时强调，"要把课堂教学和实践教学有机结合起来，充分运用丰富的历史文化资源，紧密联系中国共产党和中国人民的奋斗历程"。这就要求思政课教师要有广阔的历史视野，善于从党史、新中国史、改革开放史、社会主义发展史、中华民族发展史中汲取历史养分，将其与新时代以来我国社会主义现代化建设取得的历史性成就、发生的历史性变革结合起来，辅之以丰富的历史文化资源，通过翔实充分、横纵对照的现场教学、实践教学，将道理说清楚，把精神血脉传递下去。

四、新时代开展思政课实践教学的目标导向

习近平总书记关于思政课实践教学的重要论述，为我们更好地结合实际情况，因地制宜、多措并举开展实践教学活动提供了重要指导。习近平总书记关于实践教学重要论述的基本观点、思维理络和方法原则，启示我们在具体落实过程中，应清晰把握实践教学的重要目标导向，确保实践教学沿着科学、正确的轨道前进。

把握新时代实践教学的理论导向。习近平总书记指出："要坚持不懈传播马克思主义科学理论，抓好马克思主义理论教育，为学生一生成长奠定科学的思想基础。"一方面，只有坚持正确的理论导向，高校思政课实践教学的方向才是对的。党的百余年奋斗历程是坚定践行马克思主义实践观的历程，新中国70多年来取得的举世瞩目的成就是坚定践行马克思主义实践观的成就。马克思主义对实践与认识关系的剖析深刻而精辟，依托马克思主义理论感召青年，用社会主义核心价值观滋养青年，才能真正通过高校思政课实践教学培养出充分掌握理论知识与实践能力的社会主义事业建设者和接班人。另一方面，只有坚持正确的理论导向，青年学生在实践教学活动中的所思所感、所悟所想，才能在进一步联系实际的过程中转化为立足我国基本国情、符合社会现实需要的理论认识，人由实践到认识、再由认识到实践的认识活动才算最终完成。青年学生在实践教学活动过程中掌握的思想武器最终将转化为改造世界的物质力量。

　　把握新时代实践教学的问题导向。高校思政课实践教学的突出任务要坚持问题导向，引导青年学生聚焦经济社会发展的重大现实问题。一是要明确实践目标。通过实践完善知识、提高认识。要围绕日常教学中那些知识储备要求高的难点、知识内容更新快的热点、知识背景跨度大的重点，探索通过实践教学的方式进行教学补充，明确实践教学的预期目标。二是要细化活动方案。要"细化实践过程中针对不同阶段、不同对象、不同主体的具体施行方案，做到事事有落实、件件有回应"①，真正让实践教学活动在寻找问题、分析问题和解决问题中扎实推进、落地生根。三是要活用教学资源。合理统筹实践教学资源，巧妙设计思政课教学目标与现有教学资源的贴合路径，认真规划借用实践教学资源的操作方案，确保实践教学取得应有成效，培养青年学生聚焦现实问题、解决现实问题的意识和能力。

　　把握新时代实践教学的价值导向。思政课教学以立德树人为根本目标，旨在"引导学生立大志、明大德、成大才、担大任，努力成为德智体美劳全面发展的社会主义建设者和接班人"。实践教学要借助中华优秀传统文化、革命文化、社会主义先进文化中民族英雄、革命英雄、时代英雄等的伟大事迹，触动青年、感染青年，使其自发向榜样看齐，树立个人命运与民族命运高度统一下的远大志向。实践教学要善用生活中的真善美以涤荡青年心灵，促其自发追求积极向上的灿烂人生，在自觉践行社会主义核心价值观过程中，培育"修齐治平"的高洁品德，成长为服务人民、奉献国家的栋梁之材。

五、实践教学的内在属性

（一）实践思政中的显性教育

　　思想政治教育的核心价值始终蕴藏在"教书育人"之中，作为思想政治教育的"主阵地"，课程思政和思政课程都承担着育人的功能，在实

---

① 郝红梅.高校课程思政改革的实现路径分析[J].新课程研究（中旬刊），2018（08）：10-12+16.

践思政教育体系中承担着铸魂的重要作用。

　　思政课程与课程思政联动专业课教师、思政课教师以及校内外专家群体，思想政治理论课、综合素养课以及专业课均具有显性教育的属性，蕴含着价值导向、内容融合、教育协同的意蕴。首先，在价值导向意蕴上，第一课堂作为实践思政育人体系内的重要组成部分，在强调知识讲授、技能培养与价值引领统一的同时，更为重视"育人为本、德育为先"人才培养方针的落实。价值引导的教育理念是核心内核，育人情怀是思政主体的基本要求，德育意蕴是所必备的政治要素。其次，在内容融合的价值意蕴上，第一课堂强调知识传授、能力培养以及价值引领之间的紧密融合、良性循环以及同频共振，在知识传授和能力培养的过程中渗透价值引领的相关内容，在价值引领中积淀知识和技能底蕴。再次，在教育协同的意蕴上，第一课堂强调立德树人的精神实质，以马克思主义和中国特色社会主义理论为指导，设计符合学生人才成长规律、人类社会发展规律、社会主义建设规律的课程和教学内容，帮助学生获得思想政治理论、学科知识、专业技能和社会技能，引导学生树立正确的世界观、人生观、价值观。鉴于以上意蕴，在第一课堂的教学过程中教师必须积极培育和践行社会主义核心价值观，大力弘扬和宣传主旋律，培养德智体美劳全面发展的社会主义建设者和接班人。

　　随着计算机、互联网等先进技术的迅速发展，作为"网络原住民"成长起来的新时代大学生，在获取、理解以及处理信息等方面的能力表现非常强劲，教师在课堂中进行思政相关的教学时，学生非常清楚教师所进行的教学活动及其潜在目的，教师应把更多的精力投入真正的教学实践环节中。

（二）实践思政中的隐性教育

　　对隐性课程的研究起源于20世纪，此后，许多学者对此开展了进一步的研究。自20世纪至今，隐性课程的含义在发展的过程中不断丰富，逐渐从单一的"同时学习""伴随学习""班级生活氛围"发展成一个蕴含多项内容、具有精确含义的概念。当前，一般意义上的隐性教育是指教师运用间接的、内隐的教学内容和手段来实现一定的教学目的，而受教育者往往是在不自觉的情况下，接受并内化教育内容的过程。

实践思政与隐性教育具有内在的逻辑关系，主要表现在以下几个层面。首先，实践思政彰显了隐性教育的育人功能。实践思政以立德树人为根本目标，符合培养德智体美劳全面发展的社会主义建设者和接班人的教育目标。其次，实践思政契合了隐性教育的渗透性、不易察觉性的特点。在实践思政育人体系实施的过程中，将学校、家庭、社会、社区和个人五位一体融入思政教育体系中来，通过主体联动挖掘思政教育的实践属性，学校—社会—家庭三个场域协同互动，有意识地内隐化其思想政治教育意图，使受教育者在不知不觉中接受教育，达到思想政治教育的目的。最后，实践思政实现了隐性教育内容的有效构建。实践思政育人体系可以为各学科专业课、专业基础课、必修课、选修课、通识课、公共基础课等课程之间的沟通和协同打通通道，架设起育人的重要桥梁。由此可以看出，实践思政的隐性教育体现在教学目的、教学形式以及教学内容等诸多方面。

伴随着网络成长起来的新时代大学生，他们会通过各种各样的渠道去了解当前的教育热点，思政教学对于他们而言早已了然于胸，不存在"隐"的问题。从这个意义上讲，课堂中的思政教育是可以"敲黑板""画重点"的，这已经属于显性教育的范畴。而在实践思政育人体系下，学生不再是被动的接受者而是积极的参与者，在实践过程中可以引导学生自主地接受和认同，甚至建构思政教学内容，创设思想政治教育过程中的"润物细无声"的场景，实现"大思政课"的教学目的。

六、高校思政课实践教学创设的现实意义

从教育部和国务院近年来印发的关于高校教育相关文件可知，其对于思政课的开展提出了更高层次的要求，特别是注重实践教学的发展、教学方式的创新、教学质量的提升等方面。创新实践教学的方式，让思政课程具有更深层次的革新，已经成为当前课程改革的共识。从现实情况来看，针对高校教育所面临的挑战和市场对人才的需求，关于加强思政课实践教学设计，有以下几个方面的现实意义。

第一，有助于增强思政课的实效性。在传统的教学形式中，主要以理论说教为主。因此，思政课教学的开展，也是以课堂理论授课为主体。诚然，理论授课具有不可替代的重要性，但是实践教学的融入可以更好地帮助建立健全思政课教学体系。众所周知，知识并非独立存在的，而是在社会中不断发展进行维护与创新的。因此，向学生传授理论知识，不仅要注重理论教学，同时要加强实践教学，只有融入实践，才能使学生真正理解知识中的内涵。因此要在高校思政课教学中，进一步强化实践设计，增大实践力度。做到这一点，不仅能够有效地对思政教学体系加以完善，同时也能有效增强思政课所具有的实效性。

第二，提升理论教育的说服力。思想政治理论课的教学内容丰富、理论性较强，教学形式单一容易使学生失去兴趣和热情。通过开展实践教学，引导学生走出课堂、走向社会，通过与改革开放40多年来中国特色社会主义事业已经取得的巨大成就和向现代社会转型过程中的生动实践进行"零距离"接触，深刻体会马克思主义理论及其最新理论成果在推进社会进步中的强大生命力。通过实践体验来进一步理解理论、验证理论，使理论知识真正入脑入心，使学生做到真学真懂真用。

第三，进一步提升高校人才质量，使之满足当前市场人才需求。思政课教学的开展仍旧是以课堂教学为主要形式，这也是实现高校立德树人教育目标的要求，但这并没有否认实践教学在其中发挥的重要作用，想要构建起科学完善的教学模式和育人体系，不仅要注重课堂知识理论的教学，同时要通过有效的实践教学路径提升教学效果，从而使人才培养具有更高的质量。如果能进一步推动实践教学的拓展，深化课堂教学知识内容，能让学生参与度大大提升，可以更加有效地帮助学生理想信念的坚定，确保学生更适应社会发展的节奏，满足市场中多元化的需求。

第四，有助于更好地落实政策制度。从近年来国家对于教育的发展要求来看，无论是专业课教育还是思政课教育，都提出了更高层次的要求，也指出了实践教学在其中发挥的重要作用。因此，从这一点来看，加强思政课教学中实践教学的应用，也是深化落实政策制度的必然要求。

第二节 打造思政课程活动化教学新模式

在高校思政教育的过程中，无论是培育学生思想政治素养，抑或是培育学生工匠精神，实践教学均是不可或缺的环节。为了实现理论教学与实践的有机衔接，思政教师应围绕学生的全面发展，以工匠精神培育为主旋律，为学生组织多元化的实践活动，引导学生在实践中内化知识，通过完成实践任务，提高自身的思想政治素养与专业能力，满足学生的多层次学习需求。在此过程中，高校可以充分发挥校企合作的优势与企业展开深度的沟通交流，联系专业课程相关的工作岗位，以工匠精神培育为目标，引导学生参与企业实际工作，在实践工作中深化对工匠精神内涵的理解，同时引导学生了解岗位工作对自身能力素养的要求，在参与岗位工作实践中增强自身的创新意识与职业道德水平。学生在企业参与实践活动的过程中，可以由企业选派优秀师傅带领，在师傅的带教中感受精益求精的工匠精神，继而形成吃苦耐劳、勇于创新的良好品质。不仅如此，高校也可以围绕工匠精神培养，结合思政教育实践活动，为学生提供参与社会实践的机会。例如，参与当地的志愿者服务活动，使学生在实践中了解不同工作岗位的能工巧匠，并学习这些人身上的良好品质，潜移默化地影响学生思想政治素质。

一、以"课堂实践教学"为抓手

"课堂实践教学"是高校思政课实践教学的重要模式之一，是在课堂场域内通过形式多样的体验活动增强学生对理论学习内容的体认与感悟，进而提升其理论应用能力的教学模式。当前，高校思政课实践教学把理论教学与实践教学简单划分开来，将着眼点放在了社会实践上，忽略了"课堂实践教学"的可行性，导致"组织上缺乏规范性、时间上缺乏连续性、学生参与上缺乏广泛性、教学方式上缺乏多样性、考核评价上缺乏系统性、活动结果上缺乏时效性"等问题的出现，实践教学未能取得应有的教学效果。事实上，"课堂实践教学"具有其自身独特价值，尤其是在高校思政课大班教学形势下更具显著优势。

从"课堂实践教学"的特点来看，"课堂实践教学"具有灵活性强、时效性强、体验性强等特点。灵活性强指"课堂实践教学"的开展在形式上具有较强的灵活性和开放性；时效性强指"课堂实践教学"能够与理论讲授无缝衔接，从而加深学生对理论学习内容的深入理解；体验性强指"课堂实践教学"主要以加强学生感官体验和情感波澜达到"以行验知""以行促知"的教学目的。

从"课堂实践教学"的价值来看，在加强高校思政课实践教学实施方面，"课堂实践教学"能够有效改善思政课大班教学情况下的实践课"全覆盖"难题，使每个学生都能够参与到实践体验活动中；在增强理论课教学实效方面，通过对理论教学中的重难点配备"课堂实践教学"环节，能够进一步加强理论教学的说服力、感召力和吸引力；在提升课堂活力方面，"课堂实践教学"能够高度契合学生实际需要，进一步激发其好感度、参与度、积极性、主动性。

以"习近平新时代中国特色社会主义思想"课程为例，习近平新时代中国特色社会主义思想是马克思主义中国化时代化的最新理论成果，其中既包含了丰富的新时代工匠精神内涵，又有诸多可以和工匠精神相契合的实践课堂实践活动。在教学中，教师一方面可以让学生了解"空谈误国，实干兴邦"的来历；另一方面，可以组织同学探讨为什么新中国几代领导人重视实干、实干对于中国的发展和进步起到过什么作用、实干之于国家为什么重要等问题。这类讨论可以帮助学生理解新时代中国梦，更加理性务实地认识到中国梦的实现，实干是出路。因此，要在全社会大力弘扬真抓实干、埋头苦干的良好风尚，出实策、鼓实劲、办实事，不图虚名，不务虚功。在讲述"五位一体"专题时，可以结合不同专业学生的特点，开展探讨"深化改革与专业匠心"的活动，引导学生联系自身的专业，挖掘专业相关方面的改革动向，思考如何在新时代勇于担当、敬业创新。这类活动可以由思政课教师组织，也可以请专业课教师在课程思政环节中体现相关意图。活动结束后，在课后巩固环节，可以"引导学生总结对工匠精神的深刻体会，并交流观点，写下自己对未来职业发展的要求，让工匠精神成为未来职业发展的思想基石"。教师在讲述新发展理念时可以纵向展示不同历史阶段发展的过程和存在的问题，也可以在横向上比较不同类型国家的发展模式，从而引导学生思考什么样的发展是可持续的，并引导学生分析好的发展是由哪些因素造就的，坏的发展又是因为什么原因造成的，如果改善，则需要从哪些角度去改善。为了让学生理解新发展理念，教师可以和学生一起分析新发展理念的内涵，以及新发展理念五个方面之间的有机联系。比如创新和协调，可以针对学生所学专业领域设置情境，要求学生设计方案。比方说对于建筑设计、给排水、园林绿化、旅游等相关专业的学生，可以让其思考在自然湿地保护与旅游开发双目标下如何合理发展，这可以促使学生理论联系实际，进行实践性思考。具备匠心的人才从来都是能够紧跟时代发展理念和现实需要去探索发现的人。

教师把这些涵盖课程章节数量不等的实践教学专题，建成本门课程的"课堂实践教学库"。通过专题化推动，贯通"课堂+实践"，解决课堂教学供给与学生理论需求不平衡的矛盾。依托区域工匠文化资源对教学内容进行整合，提炼契合每门思政课的实践教学主题，通过专题开发形成故事资料库、实践要素牵引导图、整体化流程表等实操方案，以避免实践教学目标离散、方法随意等问题；以课堂叙事为牵引，推动"英模情感叙事+教师道理叙事"相结合、理论课堂讲授与实践教学内容相融通，通过具象化的教学主题、艺术化的教学方法、生活化的教学叙事，增强思政课理论教学的实践性；有效拓展课堂教学的时空场域，将教材重难点作为核心问题融入实践教学设计，多角度、全空间聚焦问题解决，有效平衡课堂供给有限性与学生需求多样化的矛盾。

实践证明，"课堂实践教学"是提升思政课教学实效的有力抓手，能够增强理论讲授的说服力，有利于"把道理讲深、讲透、讲活"，也能够进一步提升思政课堂的独特魅力、吸引力、感召力，激发课堂活力。"课堂实践教学"通过坚持理论性和实践性相统一，把思政小课堂同社会大课堂结合起来，教育引导学生立鸿鹄志、做奋斗者。

二、进一步强化思政课实践教学的育人功能

首先，在顶层思维和实践目标上要明确工匠精神培育的目标和内容。即高校要严格按照国家有关思政课实践教学的规定，给思政课实践教学预留足够的学时，不得变相压缩学时，主动构建系统的实践教学框架，明确将工匠精神培育作为思政实践课的重要目标之一，要求教师在制订实践教学计划时将工匠精神培育的具体内容与目标融入，并在实践教学时要有所体现。

其次，高校要加强思政课实践教学改革，实现从理念、体系、手段到成效，四者之间的链条拓展形成教学闭环。让思政课实践教学从备课到评价等环节有机地进行结合，确保教学模式的科学性和规律性，让思政课实现从教书到教学的转变。要做到以问题为引导，解决思政课建设过程中出现的问题。同时，让实践教学的育人机制、管理模式实现进一步的改革创新，使之具有更高层次的系统性，保证高校立德树人教学目标的高效实现。

再次，从思政课实践教学管理方面来看，要充分发挥学校行政部门和思政教学部门的重要作用，建设专门负责思政实践课创新的办公室，并设立单独课程，设置相应的学时与学分，研究专门的实践教学大纲，配合理论教学内容，延伸教学链条，对学生加以更好地培养。

最后，拓宽教学视野与创新育人思维，让思政课的教学理念变得更加开放包容。通过教学情境的融入，让学生对理论知识产生更加深刻且独特的见解。充分利用学生课余碎片时间，将教学与实践有机融合，让书本上生硬的理论知识，通过实践路径变得更加灵活生动，让思政课程对学生具有更大的吸引力，不断提升学生的学习兴趣。

三、强化思政课实践教学的手段创新

第一，根据当前学生的特点和发展规律，进一步加强电子信息技术和新媒体在思政课实践教学中的融入，确保数字化、信息化的思政学习资源获得更加全面的打造，进一步打破教学过程中所具有的时间与空间

的限制，最终让学生能够时时刻刻接受思政知识的熏陶，以学生喜闻乐见的形式开展思政教学，确保学生的积极参与程度，提升思政课实践教学成效。

第二，应用好思政课堂加校园的实践教学模式，以立体化的形式深化育人手段的建设。这类思政课实践教学活动是以校园文化活动为有效载体开展的，思想元素的植入可以为校园文化活动提供积极的思想引领和指导。这类活动的有效开展首先取决于顶层设计，即学校层面，要有"大思政"思维，有效协调和组织学院、社团、学生会之间的工作。学院负责思想政治类校园文化活动的理论指导、目录制定和考核标准。为突出工匠精神元素，可以将敬业乐群、服务他人、职业道德、职业规则、劳动与法等理念有机融入学生工作中。比如，社会主义核心价值观之敬业、"学习领会党的二十大精神　共筑匠心梦"大国工匠主题演讲比赛、互联网经济促进还是阻碍工匠精神发展辩论赛、职业规划周、大国工匠进校园讲座、杰出校友回校园职业分享、校园楷模评比等，激励学生用实际行动学习、传播工匠精神，并通过校园公众号和官方微博、官方抖音账号等进行分享与传播。

第三，加强思政课实践教学平台的拓展，充分打造网络育人新体系。充分发挥思政课专业教师和青年马克思主义培训学员的力量，充分开展线上实践教学活动，以在线直播等形式，让工匠精神教育延伸到教学的各方面。同时，有效融合课内外、校内外以及线上线下等方面的教学资源，让工匠精神教育融入教学的各个环节。另外，思政课虚拟仿真实践教学平台通过虚构模拟一个场馆、一个人物，让教学产生特殊的场景和明确的对象，进而建构教学的环境和体系。通过仿真技术提高逼真度，让场景起到以假乱真的作用，让学生有身临其境的学习氛围和感觉。浸润式的学习环境，更有利于学生体验与参悟。高校可建设融工匠精神教育展示、360度沉浸式体验馆、虚拟仿真实践教学中心于一体的虚拟仿真思政教育基地，定制虚拟场馆及教学资源包，推进思政课教学与技术融合。通过"馆课结合"，发挥技术优势，提升思政实践教学能效和课程吸引力，如利用虚拟仿真技术展示大国工匠工作场景或者以鲁班为代表的传统工匠文化，让学生在3D立体环绕的环境中体悟工匠精神。当代大学生是伴随着互联网成长起来的一代，高校要抓住这一特点，积极探索新的线上实践教学模式，将实践教学落到实处，充分利用新媒体技术推进高校思政课线上实践教学的发展，使实践教学能够覆盖到全体大学生，激发大学生参与实践活动的主观能动性，让大学生能够沉浸式体验线上实践教学活动。实现思政课教师对大学生实践教学活动的全面监督，给予大学生有针对性的帮助，改变传统实践教学针对性不强、流于形式的不足，实现以学生为中心，提高思政课实践教学的效果和质量。

四、凸显学校特色

每所学校都有其专业学科特色和优势，思政课实践教学也应围绕特色优势做文章，增强针对性，提高实效性。要积极整合区域社会大思政课教育资源，充分结合学校特色，开展差异化的思政课实践教学。唯有如此，思政课实践教学才能与大学生拉近距离，在情感上产生共鸣，在思想上达到共振。如浙江同济科技职业学院为展现水利行业以赛促学、以赛促训、以赛促建、以赛促才的历史脉络，学院制作历届全国水利行业职业技能竞赛成果展，系统梳理历届比赛情况，盘点精彩亮点，挖掘先进水利技能典型，深度介绍第一届冠军、自学成才"逆袭"成为技能大师的周明亮，第三届亚军、享受国务院政府特殊津贴的浙江女将章丰明等先进事迹。展览充分激励了广大水利干部职工和学校师生锤炼品格、铸就匠心、守卫江河。这类实践教学活动就充分体现了学校特色。

学校特色的形成和巩固离不开全校师生共同的认同和行动，换言之，塑造学校特色的过程也是学生个性形成的过程，不同学校所培养的学生在其能力素质和眼界视野上也呈现出不同特点。在思政课实践教学创新过程中，学校特色的凸显使学生更容易明晰自身的优势和特点，也更有针对性地指导自己未来职业发展道路。学校在办学实践中的一切出发点和落脚点正是学生的成长与发展，所以在思政课实践教学创新中彰显学校特色，有利于鼓励学生发挥自身优势脚踏实地奋斗，从而谱写学生人生的青春奋斗之歌，汇聚青年人建设国家的磅礴力量。

第三节　发挥社会实践在思政课教学中的重要作用

"大思政课"既可以在课堂上进行，也可以在社会上进行，前者是把社会"请进"课堂里，后者是把学生"带到"社会中。学生在学习生活、社会实践乃至社会舆论热议中会遇到许多真实困惑，这些困惑只靠思政课的书本知识和学校的教育场域是难以有效回应的，只有引入社会资源，在大格局、宽视野、活实践中才能实现对学生语言风格、思维方式的有效引领。总而言之，"大思政课"的关键在于走出课堂、走出校园，回到社会生活之中，在丰富多彩的实践教学、现场教学中立德树人、铸魂育人。"大思政课"的精髓在于理论联系实际，在田野里"消化"书本，在实践中检验真理，把固定场域中的思政小课堂和开放场域中的社会大课堂结合起来，在生动的社会实践中把深奥的理论学深悟透、弄懂做实。

一、开拓思政课实践视野，扩展课程平台体系

一是重新审视、规划和组织好大学生社会实践。让大学生在社会实践中"受教育、做贡献、长才干"，为"两个一百年"奋斗目标和中华民族伟大复兴贡献力量，是当前高校构建大思政课程体系的重要任务。高校应充分调动校内外资源，"构建社会实践工作体系，建好校外实践教学基地，做优一批品牌实践活动，推进社会实践与思政课深度融合"[1]，将增加思想道德修养、提高政治站位、增强使命担当等元素有效融入社会实践，提升社会实践活动的育人效能。

二是搭建"双实践"教学平台。"双实践"教学平台即专业技能实践教学与思政课实践教学相协同的教学平台。"思政课+社会实践"是以社会生活为"课堂"、实践为"教材"，将思政课与周边城市社区、农村乡镇、爱国主义教育基地、企事业单位、社会服务机构等有机连接，建立

---

① 石明杰，金融鑫.微时代高职学生思政教育活动的困境与突破路径[J].吉林教育，2021（17）：67-68.

固定的思政课实践教学基地，定期组织学生开展教学活动，引导学生主动发现、思考、解决社会问题。学生通过走近基层劳动者，寻找潜藏在每一位中国匠人骨子里的工匠精神，形成了正确的人生观和价值观，培养正确的职业观念和职业道德。在社会大课堂中，既要给专业技能提供教学机会，又要充分发挥思政课教学的实践性，使学生既提升自身的专业技能，又从社会实践中开阔视野、增长才干、提升素质。

三是制定"大思政"实践主题。"大思政课"是教育时代背景，也是思政课实践教学的重要主题。学校在此背景下，依据不同专业、不同学科的教学进度和教学目标，以拓宽视野、增长知识、涵养美德、提升品质、提高能力等为最终目的，制定符合学生认知和具有现实意义的主题活动。

四是建立"高质量"保障体系。"高质量"的保障体系是落实思政课实践教学的关键所在、重要基石。各高校要建立实践教学的管理机制、活动经费管理机制、学生安全保障机制等，在完善的保障体系中实现高质量社会实践教学。

二、构建思政融入社会实践工作的管理和保障体系

高校应树立社会实践与大思政课同向同行的教育理念，建立党政领导及其他专业学院密切配合的社会实践工作体系，形成齐抓共管、协作融合的良好局面；出台校院两级社会实践管理制度文件，明确社会实践融入思政教育的目标要求、形式内容、成绩考评等。优化各类配套制度保障思政教育融入社会实践工作，如拓宽实践活动经费来源，增加社会实践资金和资源投入；鼓励专业教师积极参与社会实践活动，把教师指导社会实践活动工作量纳入晋职晋级考评体系，对教师在思政教育融入社会实践方案设计和具体实施等方面给予专业指导，对高水平思政教育融入社会实践的项目及指导教师给予公开表彰奖励。

三、以赛促学培养学生的工匠精神

借助一些职业比赛可以提高学生的实践能力，通过让学生不断运用自己所学习过的知识和技能来提高动手操作能力，帮助他们在实践过程中不断建立精益求精的信念，比赛是培养学生工匠精神的重要途径之一。与此同时，比赛具备一定的竞争性，所以在一定程度上可以培养学生的拼搏精神，从而转化成工匠精神。在开展职业比赛的过程中，首先要明确比赛的终极目标，那就是"以赛促学"。比赛可以通过设置一些重要奖项，建立严格的选拔机制，增强竞赛的权威性，也可以在赛前举办比赛宣讲会，以此来提高比赛的知名度，吸引学生踊跃参加，提高学生想要钻研专业的欲望。职业比赛的开展会提高学生学习的积极性，同时也可以提高自身的专业技能和水平。学生在比赛的过程中，会不断思考，不断改进和提升细节，争取做到最好，这也可以培养他们的创新能力。

四、要建好用好高水平协同育人实践教学基地

2022年8月，教育部等部门印发了《全面推进"大思政课"建设的工作方案》，提出要"建好用好实践教学基地，充分发挥教育部高校思政课教师研学基地的实践教学功能"的重要举措。随后，教育部会同有关部门联合设立了首批453家"大思政课"实践教学基地。

高校应主动与社区、企事业单位、社会服务机构、乡村联系，布局多种形式的社会实践基地，如大学生就业创业见习基地、教学科研基地、社区服务基地等。每个院系、专业都应有相对固定的基地，健全学校和社会实践基地长效合作机制，联合思政课教师和辅导员成立实践教师指导团，主动对接实践基地，加强思政教育融入社会实践项目的研究和资源开发，不断挖掘基地潜在思政元素；聘请校外专家与校内教师一起指导大学生开展社会实践活动，借助社会力量共同探索实践与思政融合路径。

在建好的基础上，思政实践教学基地的善用还需要紧密结合时代社会发展趋势、结合社会现实生活、结合思政教育发展现状，面向中国式

现代化要求，面向未来。首先，要通过文化实践活动重点培养学生的民族文化情怀、职业精神信仰。比如在相关纪念馆、博物馆参观活动中，向学生重点宣传工匠精神理念，把钻研精神、创新意识等工匠品质潜移默化地渗透给学生。在历史博物馆等传统文化专题实践基地活动中，要引导学生主动参与传统文化艺术作品的临摹创作活动，深入感受中华优秀传统文化中精益求精的魅力，强化中华优秀传统文化保护传承和创新意识。其次，思政文化育人不仅要重视精神意识教育，还要加强科技知识实用技能的培养。比如在中医文化专题实践基地活动中，除了让学生了解中医的博大精深之外，还要组织学生进行针灸推拿、传统健身活动等技能培训；在农业知识专题实践中，组织学生进入乡间地头进行基本的农业劳作，帮助学生将所学的农业专业知识用于农业生产实践中，从中提升学生的农业实践技能和专业知识素养，培养学生的劳动意识。最后，思政实践教学基地还要积极引入和利用现代科学技术辅助教学实践活动。比如积极引进数字信息技术和设备创新工匠精神的展现形式，通过影视媒介、3D技术使学生身临其境地体验优秀文化的感染力，使学生们体验工匠之乐，使培育学生的土壤越发肥沃，埋下种子，让学生能够在未来职业道路上走得更精、更专、更远。

五、精心打造思政元素融入社会实践品牌项目

高校应结合专业特点，挖掘不同类型社会实践活动中的工匠精神思政元素。如对于理论宣讲类社会实践，应挖掘地区大国工匠元素，使学生感受大国工匠在新时代国家和区域经济社会发展伟大成就中的担当精神，厚植爱党爱国情怀，传承红色基因；志愿者、支教、"三下乡"类实践，应挖掘奉献担当元素，引导学生树立服务人民和责任担当意识；社会调查类实践，挖掘工匠精神的历史使命元素，让学生走进乡土中国深处，认识国情、社情，自觉将国家、社会、家庭及个人的命运紧密联系在一起；科技发明等创新类实践，应挖掘创新卓越元素，培养学生的工匠精神中的创新理念，树立报效国家的远大志向。教师应结合时政热点和学生关切，对优质社会实践项目进行优化和拓展，形成若干品牌，有

效引导学生把人生抱负落实到实际行动中来，把学习奋斗的具体目标同民族复兴的伟大目标结合起来。

六、利用好寒暑假上好"大思政课"

习近平总书记指出，"'大思政课'我们要善用之，一定要跟现实结合起来"，强调"思政课不仅应该在课堂上讲，也应该在社会生活中来讲"。对广大青年大学生来说，寒暑假的确是开展大思政课实践的好时机。高校要善于把思政课堂搬到社会大实践、大熔炉中，搬到更多的发展实景、现实场景中，搬到人民群众生产生活的情景情境中，让学生在实践中认识社会、锤炼意志、积累经验，把爱国情、强国志、报国行融入人生选择和现实行动，以行促学、知行合一，在实践中收获真知，在实践中成长历练，为大学生构筑工匠精神基石、夯实人生根基。

第一，坚持思政课程与课程思政相结合。习近平总书记强调，"其他各门课都要守好一段渠、种好责任田，使各类课程与思想政治理论课同向同行，形成协同效应"。思政课程与课程思政的核心内涵都是育人，共同服务于大学生成长成才的最终目标。在假期社会实践中，既要发挥思政课程的关键作用，也要使各类课程与思政课同向同行，教育和引导学生弘扬工匠精神，在实践中传承红色基因、赓续红色血脉、培育时代新人。第二，坚持专业理论知识与社会实践相结合。社会实践为学生搭建了一个深入了解国情社情乡情民情的平台，他们在实践中丈量乡村大地、聚焦农业强国建设、倾听百姓呼声，感悟课堂所学专业理论知识，把专业理论知识转化为行动实践，展现新时代的青年担当。第三，坚持就业创业教育与社会实践相结合。党的二十大报告指出："强化就业优先政策，健全就业促进机制，促进高质量充分就业。"通过假期社会实践活动强化国家就业优先政策宣传，特别是引导和鼓励毕业生到城乡基层就业创业的政策措施，加强就业创业教育和就业价值观教育，引导青少年学生把小我融入大我，科学规划职业发展方向，找准职业发展定位，使就业期望值与社会需求相吻合，利用自己的学科知识、专业技能和智力优势，让青春之花绽放在祖国最需要的地方，在基层建功立业，谱写青春乐章。

开展假期社会实践，需要加强社会实践基地建设。高校要主动对接城乡社会实践基地，进一步加强与实践基地的联系，建立常态化、长效化社会实践基地，拓展实践育人载体，实现实践育人目标任务。同时精准对接国家经济社会发展需求，进一步优化学科专业结构，保持学科专业调整与乡村社会经济发展同步，把今天的教学与明天的就业匹配起来；要依托社会实践基地，进一步加强校地、校村、校企等多种形式合作，深化产教融合、产学研合作，联合培养人才；要构建与理论教学体系相辅相成、以突出能力培养为核心的实践教学体系，使人才培养既有扎实的理论知识，又具备较强的实践能力，不断提升人才培养质量，更好地服务于经济社会发展。

社会大课堂、大实践充满着方方面面。各地特色不同，大学生成长环境不同，城乡区域不一，教育部门和家长、学生要因地制宜、因时制宜、因教制宜，按照实际情况和现实状况，组织开展有针对性、有效性的"行走"活动。比如有力有效推动教育部门和大学生多参观学生家乡所在地的地区工匠工作环境，传承工匠精神，用身边工匠故事砥砺初心；多开展志愿服务，参与乡村振兴实践，用专业知识服务基层；多走访群众，参加劳动，奉献爱心，传递温暖，用劳动实践培育匠心等，努力形成暑假期间有事做、有能力做、有成效做，成为覆盖课堂、校园、社会"点线面"一体的思政大课堂，在潜移默化、润物无声中形成启智润心的育人氛围。

第四节　推动校企合作，打造协同育人模式

教育家陶行知先生曾说过，教育是依据生活、为了生活的"生活教育"，培养有行动能力、思考能力和创造力的人。新时代工匠精神的内涵已经从微观个体的匠心独运拓展为宏观意义上凝结在所有人身上的集体态度与品质，实践层面的工匠精神培育更是一项系统性、复杂性工程。针对当前工匠精神培育仍旧表现出"工匠"培养与"精神"培育的割裂

现状，基于社会大场域的视角，应努力契合工匠精神培育的主客观结构，让工业化生产过程中被异化的"工具人"还原为能够实现自我反思的"实践人"，进而促进社会主体工匠习惯的养成。

校企合作是工匠精神培育的重要基石。校企合作教育模式是指学校采取与企业合作的方式，有针对性地为企业培养人才，注重人才的实用性与实效性。高校应与企业联合拓展校企合作的内容，增强校企文化融合、师资融合，因势利导，重拾对工匠精神的关注，为培养优秀工匠积聚力量。

学校与企业信息以及资源共享，学校利用企业提供场地设备，企业也不必担心人才专业不对口、实际操作不熟悉等问题，实现了让学生在校所学与企业实践有机结合，让学校和企业的设备、技术实现优势互补，节约了教育与企业成本，是一种"双赢"模式。校企合作办学需要坚持立德树人，围绕学生发展和企业需求，不断培养学生的综合素质和能力，深入到前端人才培养活动，将专业设置与产业需求对接、课程内容与技能认证标准对接、教学过程与生产过程对接，在校企合作中大幅提高工匠精神的培育质量。

一、打造产学研合作教育新模式

（一）产学研教育新模式的意义

当前，高等教育大多采用讲授式的教学方法，不仅抑制了学生在探索开拓中的求实求新，而且让学生失去了学习和应用知识的信心，如果采用产学研合作的培养方式，可以为学生提供一个真实的社会环境，让学生在实践中探索真知，增强学生解决问题的兴趣和热情，提高学生的思维能力、实践能力、协调能力与语言表达能力。

在高校产学研合作中，教学活动的模式也进行了转变，更多地注重学生实践能力和创新精神的培育，学生的主体性得到充分发挥，学生在教师指导下参与科研项目、发表论文和申请专利，学生积极主动地对知识进行内化，学习兴趣得到激发，意志品格得到磨炼，社会责任感得到增强。

　　高校促进产学研结合的形式可以包括大学生科技产业园、大学生社会实践基地、战略联盟、人员特派、共建研究机构等。在产学研合作过程中，高校不仅是合作的参与者，更是合作的受益者。高校培养创新型人才的能力不断提升，科研能力不断提高。科研机构和高校作为拥有知识资源的信息库，具有丰富的知识储备和高水平科学技术。高校在培养大批高科技人才的同时可以锻炼他们发表学术论文、取得科研成果，实现知识价值的能力。产学研结合共同培养人才，共同进行科研成果的研究，培养出既擅长管理又精通技术的复合型出类拔萃的人才，学生的实力和知识水平得到提升。此外，高校可以成立一支与国内外市场紧密结合，能够提供包含专利技术申请、市场开发等规范化、标准化的高质量优秀人才队伍，并且可以将企业资源和政府资源有效结合，加强包括大学生科技园在内的孵化平台的建设，为师生供应便捷的创新实践资源。

　　在产学研结合的教育模式中，当学生遇到具体而又复杂的问题时，可以进行独立思考，拓宽自己的视野，将理论知识运用到实践过程中，推陈出新，培养创新精神。高校是传授科学知识和推动知识创新的地方，对高校而言，高校产学研最后的目的应该是教育，是一种创新型人才培养模式，将理论教学与科研技术充分结合起来，开展实质性的创新活动，提升人才培养质量。产学研合作可以帮助学生进入真实的实践环境中，参与实际的项目研究，经历真实的场景和工作过程，学生会自主地寻找科学有效的工作方法，工作效率得到提高，工作效果更加完善。与此同时，可以培养学生的创新思维，让学生充分发挥自己的创新能力，在从未遇到的挑战面前勇于开拓，克服工作中的困难和心理障碍。在创新技术活动过程中，由于技术较为复杂，往往需要不同学科领域之间的配合工作，因此，提倡学生与学生之间相互交流学习，合作创新的氛围就自然形成，潜移默化地培养着学生的创新思维。

（二）产学研合作教育路径

　　高校应着力打造校企合作新模式，构建提高大学生创新能力实训平台，实现高校、学生、企业多主体协调发展。为学生提供将知识、信息运用于新环境、解决问题的机会，学生在接触解决产业研究部门生产实践问题中，要对各个方面的信息进行研判、联想或决策，这能够锻炼学生的社会活动能力，工匠精神的核心之一就是精益求精，在实操过程中，潜移默化地帮助学生养成踏实认真、力求创新的精神。目前，产学研合作教育的模式有三种，主要是工读多次交替式、工读结合式和科技育人结合式。其中科技育人结合式是一种重要的培养模式，高校进行重大的科研项目研究，助推企业的技术进步与革新，公司接受学生到工作实地进行毕业设计和科学研究，并由高级工程师进行授课，这种方式成为培养应用型人才的重要形式，学生在以科研为目的的联合体中将研究工作与高新技术的研究开发紧密结合。校企合作新模式有以下几个方面的优势：（1）高校可以为企业提供智力支撑，解决项目技术上的难题。（2）企业可以给大学生提供实习基地，让学生在实践中深化对社会的认知，在实践中提升自己的综合素质和能力。（3）高校与企业之间可以协同合作，将创新创意变为实际的产品，以帮助大学生不断提升自身的能力。例如，清华大学与国内外知名企业共同创设90多个联合研发机构，不仅加强了应用型创新人才的实践环节培养，而且为企业输送了大量具有工匠精神的科研人才。清华大学与电子制造服务公司合作，建立全国重点高校第一个表面贴装技术联合实验室，并且设立"微电子与SMT"等课程，环球仪器公司为学生提供实习的机会。清华大学还与腾讯公司联合建立"清华大学—腾讯互联网创新技术联合实验室"等，为高校人才培养提供了良好的实践环境。高校可以充分借助实验室平台，让学生能够在真实的情境下培育实践研究意识和实事求是的工作作风。

二、推行形成现代学徒制培养模式

（一）现代学徒制"双主体"协同育人与思政教育

中共十九届五中全会提出了"十四五"时期经济社会发展的主要目标，其中包括"创新能力显著提升，产业基础高级化、产业链现代化水平明显提高"。矢志涵养工匠精神，健全技能人才培养、使用、评价、激励制度才能稳步提升劳动者素质，为实现这一发展目标奠定人才基础。重视工匠精神的培育和传承是国际制造业强国成功的重要因素，是优良制造的灵魂所在，有助于工作者自我价值的实现。

现代学徒制是教育部于2014年提出的旨在深化产教融合、校企合作，进一步完善校企合作育人机制，创新技术技能的人才培养模式。现代学徒制是通过学校、企业深度合作，教师、师傅联合传授，对学生以技能培养为主的现代人才培养模式。与普通大专班和以往的订单班、冠名班的人才培养模式不同，现代学徒制更加注重技能的传承，由校企共同主导人才培养，设立规范化的企业课程标准、考核方案等，体现了校企合作的深度融合。现代学徒制有利于促进行业、企业参与职业教育人才培养全过程，实现专业设置与产业需求对接，课程内容与职业标准对接，教学过程与生产过程对接，毕业证书与职业资格证书对接，职业教育与终身学习对接，提高人才培养质量和针对性。高校和合作企业在推进现代学徒制联合培养人才过程中，突出"三全育人"理念，注重课程思政创新，既重视学生（学徒）专业理论知识的学习、专业技能的培养，又重视他们思想政治素质、专业职业素质的养成，基本实现了"留得住、用得好、可成长"的高校课程思政创新目标。

在古代手工业中，工匠精神表现得淋漓尽致，其原因是最大程度上利用了师徒关系的优势。这种师徒关系在德国的职业教育中也表现得尤其明显。现实中，学校课堂教学时教师通常"一对多"面对学生，无法进行"一对一"的培养，教师对学生的影响有限，甚至是片面的影响。另外，在课堂教学中，作为一个个个体的学生只能边缘性的群体参与，在技能学习和职业精神成长过程中难以达到充分参与。为了弥补这一不足，在校企合作基础上构建师傅带徒弟的师徒关系可改善和提升学生充分参与的空间。师傅"一对一"指导学生，学生在学习师傅的专业技能时，感受师傅的职业精神。在此过程中，学生从新手成长为熟练工，从简单技能者成长为熟练的技能大师，并逐渐培育了工匠精神。其次，实训场所的情景化教学是为学生提供技能习得和养成职业精神的外在条件。实训场所是技能教学和非技能教学的重要载体，在真实或模拟的情境中，学习者能充分理解工匠在技能和非技能方面的要求。实训场所是学生未来工作的路演，学生在实训场所能充分感受到未来工作环境、文化氛围、社会关系等，为培育工匠精神提供了必要条件。校企合作还为学生接触先进制造设备提供了方便，教学与企业的工作车间接轨，创设更多情境化训练任务，学生有机会在就业之前充分接触相关设备，完成复杂多样的实训任务，掌握操作技能，从而提升了职业素养和培育了职业精神。

以高校为例，现代学徒制三年学制基本安排为：第一学年基本在校内学习，穿插到合作企业参观学习，提高对企业的感性认识；第二学年实行工学交替，学生（学徒）在校内进行理论知识学习、基础专业技能实训，到合作企业在岗训练，进一步熟悉企业各岗位工作，了解企业文化，提升专业职业素质；第三学年到合作企业在岗培养，学校教师送教上门，期末学生（学徒）返校进行毕业答辩，合格者准予毕业，正式成为合作企业员工。课程思政的重点就放在基础课、专业课（企业实践课）上，主要内容为职业道德、各行各业总结提炼形成的工匠精神、专业职业素质、合作企业文化及规章制度等，真正培养出一大批立志产业报国、深深扎根企业、助力企业发展的高素质技术技能人才。

高校现代学徒制的建立要充分发挥思想政治理论课的主渠道作用，强化大学生对工匠精神的理性认知和情感认同。必须坚持马克思主义的指导地位，用党的创新理论武装大学生的头脑。思想政治理论课要担当起大学生学习和践行工匠精神主力军的重要责任。在教学方法和实践途径上贯穿现代学徒制，做到创新思想政治教育内容与现代学徒制理念与模式、创新现代学徒制手段与方法、创新思政课实践教育途径和形式等，做到以学生为本，实现工匠精神与现代学徒制的统一。本着贴近性、对象化、接地气的原则开展现代学徒制教学，增强思想政治理论课教学的针对性、实效性、吸引力、说服力和感染力（如教学上"化虚为实"、方法上"灵活多样"、手段"现代信息"等），融思想性、政治性、知识性、可读性和实践性于教学过程中，在现代学徒制这条主线下工匠精神进课堂、进教材，关键是要进学生的头脑。

（二）课程思政融入现代学徒制"双主体"协同育人模式的可行性

1.校企合作"双主体"资源融合为思政教育提供了实践平台

思政教育的实践性内容是涉及多环节的系统工程，要达到实践育人的目标，必须强化学校和社会资源的融合与互动，构建互需互惠互联的合作机制，校企合作，围绕人才培养目标，让学生参加现代学徒制下设立的实训室等项目实践活动，着力于全面培养学生成长成才，以形式多样的活动为载体，以稳定的学徒实训基地为依托，建立长效保障机制，引导学生走进企业、接触社会，深入实际开展实践活动，在实践中受教育、长才干，树立正确的世界观、人生观、价值观。学校积极组织学生开展"三下乡"活动，并分组到企业进行跟岗实习和顶岗实习，培养学生遵守纪律、各尽其责、配合协作的团队精神。学校还用工匠精神涵养学生社团，如分析检测协会、数学建模协会等。学生进入企业，教师跟进指导，与学生同吃住同工作，注重学生日常管理和理论指导。企业为学生精选指导师傅，注重培养学生的动手操作能力。教师和师傅"双主体"跟进指导，使学生融入企业文化，感悟工匠精神，增强了弘扬工匠精神的自觉性、主动性。为激励学生精益求精、追求卓越，学校引导师生参加各类竞赛，达到"以赛促学"的目的。

2.校企融合课程体系的开放性使思政内容更易融入课程教学

现代学徒制注重课程开发，课程设置上更贴近职场环境需要，课程内容更加开放包容，注重学生整体综合能力的提升，在教学内容与组织安排方面更加灵活、形式多样。现代学徒制下多运用"体验式教学模式"即以学生为主体，通过团队学习、分享交流而获得情感激励和正确认识，促使学生增强学习动力，实现自主学习的新模式，适应时代发展和学生需求。对学生考核更注重对学生诚信、责任、法制、团队、创新和职业态度相关方面的评价。校企合作人才培养模式强调以"能力、技术"为本位的职业教育理念，考核体系依据学习过程、课外表现、实习情况等各方面的综合评价，而不是仅停留在课堂的认知层面，这有利于学生把思想政治理论知识变为解决问题的理论武器和行动指南。

3.校企"双主体"育人模式丰富了思政课程的内容体系建设

高校的课程思政注重人的道德品质，强调主流价值观的渗透与价值观教育，把思政教育内容与企业文化渗透教学，"在培养学生综合发展的道德素质的同时，将企业核心价值观念、文化理念融入课程中，让学生熟悉企业的管理操作流程，了解企业的实际运行情况，培养学生解决实际问题的能力"①，使学生更好地适应企业，毕业后完成身份转化。企业主体通过在企业文化、岗位实践、企业制度等内容中加入育人要求，学生在学习工作中不仅要熟练掌握职业技能、培养与职业相关的能力素质，还要求学生的道德与专业能力"双提升"，实现人的全面发展。这种"双主体"育人模式丰富了课程思政化的理论内涵，促进思想政治教育的内容体系建设。

（三）现代学徒制"双主体"协同育人路径

1.顶层设计，形成价值引领的"双主体"育人的协同联动机制

高校的课程思政工作，是在党委领导下、举全校之力的顶层构建。高校领导要立足学校的办学定位与办学特色，让学校的马克思主义学院发挥应有的协同引领作用，让主流价值观在专业建设中发声，集系统之力打通人才培养方案、教材选定、政治标准等关键教学环节，构建思想政治理论课与其他课程之间的协同创新机制，形成科学化、标准化、精细化的建设管理办法，并遵循教学规律，形成价值引领的"双主体"育人的协同联动机制：（1）建立充足的经费和多样化的"双主体"育人基地，这是课程思政运行的保障；（2）高校要通过线上线下的多样化舆论渠道，营造良好的社会实践育人氛围，这是课程思政运行的增强剂；（3）形成真抓实干的领导制度，切实加强组织领导，设立专人负责实践育人工作，这是课程思政运行的前提；（4）实现实践育人资源的优化整合，建立激励考评制度，建立社会、学生、学校三方成效评价体系，这是课程思政长效运行的保证，另外各高校要积极探索混合所有制办学模

① 徐杰，王敬.产教融合下职业教育校企合作质量有效性及其提升措施[J].成人教育，2020，40（05）:69-73.

式下院校与企业"双主体"共同育人的运行机制。

2.横向贯通，由校企共同制定教育教学双育型人才培养目标

课程思政是将高校思想政治教育融入课程教学和改革的各环节、各方面，实现立德树人润物无声。结合高等教育教学特点，由校企共同制定教育教学双育型人才培养目标，结合学生专业特点，整合过程中要以企业对学生的思想道德素养要求和专业需求为依据，以岗位规范为中心，提升职业能力，如将职业道德、职业法律等内容列为重点，既要牢牢把握思想政治理论课在社会主义核心价值观教育中的核心地位，又充分发挥其他所有课程的育人价值。

高校要不断探索和创新现代学徒制，培育和践行工匠精神教育与引导的模式。重视教育、引导和帮助大学生对工匠精神的内心认同，在充分发挥思想政治理论课主渠道作用的同时，要将培育和践行工匠精神融于高校的各类教育教学、专业课程教学、师德师风建设、校风学风建设、校园文化建设、党风廉政建设等的教育与建设中，建立健全确保培育和践行工匠精神的长效机制，形成现代学徒制全过程和全方位的驱动平台，形成整体合力，常抓不懈。

3.同向同行，构建显性思政与隐性思政融合的课程体系

围绕"知识传授与价值引领相结合"的课程目标，高校思政课程分为显性思政和隐性思政两大类别，其中显性思政课程指高校思想政治理论课，隐性思政课程包含综合素养课程（通识教育课程、公共基础课程）和专业教育课程，构建思想政治理论课、综合素养课程、专业课程三位一体的高校思想政治理论教育课程体系，突出显性教育和隐性教育相融通。思想政治理论课是对大学生系统开展中国特色社会主义理论教育的课程，是社会主义大学的优势所在，应该是高校所有人才培养的核心课程。实施课程思政，既要强化显性思政，又要细化隐性思政（综合素养课程和专业教育课程），发掘高校所有课程思想政治教育资源，突破思想政治教育过于集中于"点""线"的瓶颈，把思想政治理论教育与专业教育变为一个协调同步、相得益彰的过程。

高校要充分发挥校园文化的优势，要通过专题宣讲会、主题报告会、专家讲座、校园大讲堂、师生论坛、演讲赛、辩论赛、主题征文活动、学习沙龙、节庆活动（五四青年节、建党节、国庆日、学雷锋日、开学典礼、毕业典礼等）、观看时事政论片、观看爱国主义题材影视片及参观爱国主义教育基地等形式，开展内容丰富、形式多样、有声有色、寓教于乐、贴近学生实际、受学生欢迎的学习、培育、践行和弘扬工匠精神的活动。同时，还要发挥好共青团、学生会等组织的作用，要积极鼓励和支持学生社团主动参与培育和践行工匠精神的各类活动，引导和帮助他们以自己特有的活动形式，开展多样化的社团活动凝聚和感召学生。如：建立大学生自律委员会、开展大学生养成教育、组织暑（寒）假学生社会调查、实施"三生制"管理模式——实训教学中的"导生制"；班级管理中的"班主任助理制"；国防教育中的"学生教导官制"；等等，让广大学生在自我认知、自我学习、自我参与、自我教育、自我提高、自我完善的过程中贯穿现代学徒制，真切体会和感悟到现代学徒制建立的重大现实意义，进而从身边小事和点滴做起，真正做到内化于心、外化于行，做到知行合一。

4.借力平台，着力提升职业软实力的德育融合立体化阵地

校企合作模式下，各高校为了专业长远发展，多数都形成了功能完善、特色鲜明的校企合作的实习实训基地。高校中的院系是实施主体、建设主体，也是育人主体。高校仅依靠自己的教育资源很难把学生培养成为具备良好职业素质的企业员工。学校充分利用现代学徒制与企业深入合作的优势，借力整合企业、行业及政府等社会资源，把实践环节作为德育融合的重要阵地。注重隐性思政教育在专业学习中的渗透，形式上不局限于课本、教学时间和空间以及教学设施等教学要素，充分利用学校其他教育资源，如校园文化景观、日常管理、社团活动、心理咨询、人文讲座、体育赛事等，并整合校外企业的社会资源，充分挖掘利用相关德育资源，全员共同开展育人工作，避免目前校企合作中德育工作操作性不强、流于形式、各自为战的困境和尴尬，最大限度地提升育人质量。

高校必须把现代学徒制的内容融入大学生的各项实践活动中，将理论传授与实践履行相结合，注重学生认知与践行的有机统一，这样才能取得真正的实效。而各类社会实践活动则是学生最乐意参加的培育和践行工匠精神的形式。首先，高校各级党团组织，要积极开展以学习、培育、践行和弘扬工匠精神为主题的社会实践教育活动，组织广大高校大学生深入企业、工矿、社区、农村等进行社会调查，积极开展党（团）日活动和党（团）员培训教育活动，组织大学生参加各类志愿者服务活动（行动），举行各类技术技能竞赛（比武），组织大学生到爱国主义教育基地、警示教育基地参观学习等，让学生在这些实践教育活动中受到工匠精神的启迪。其次，以现代学徒制为主线，组织大学生走访道德模范、劳动模范、优秀共产党员、先进工作者、技术能手（状元）、名匠名师、优秀企业家、优秀大学生村官、优秀大学毕业生、典型人物等，用这些人物的先进事迹和事例，以润物细无声的形式感染和教育学生，从而体现出培育和践行工匠精神的真实性和实效性。再次，要抓住高职大学生在校内外学习、实训、顶岗实习的重要环节，适时融入和穿插现代学徒制的教育内容，这也是大学生逐步形成良好职业素养和职业品格的内在需要和要求。最后，要不断创新和探索实践教育的针对性和有效性，设计与大学生成长成才实际相适应的实践教育体系，建立相对稳定的现代学徒制实践教育基地，不断提升实践教育的质量和水平，这本身就是大学生学习、培育、践行和弘扬工匠精神的内在实践要求。

5.队伍建设，形成融入育人要求与文化引领的师资培养话语体系

课程思政化的参与主体必须多元化，全员协同创新，力避德育认知缺陷。学校自上而下，依据教务、学工、校企联盟等一体化管理路径，将专业课教师、思想政治教育教师、企业导师等社会资源联合打造成"育人共同体"。制订一整套校企协同育人"融合型师资"的选、聘、评、管、考等师资队伍建设方案。

在师资上，学校派出专业教师、思想政治教育教师组合校企融合的"双主体"师资队伍。师资队伍建设着力于熟悉企业或校园文化、管理制度、岗位要求等应用于实践教学；其次，由企业牵头聚集行业领军的企业导师团队，让行业专家进校园，与学生互动，讲授有关企业文化、先进人物事迹、企业的项目案例等讲座或报告，开展专题式教学，开拓创新教学方法，融合课堂讲授、现场问答、网上互动、课堂反馈等教学方式，进行主流价值观渗透，定期举办高校与合作企业的教学育人主题交流，促进双方发展，加快整合。通过学校企业双主体协同育人，寓社会主义核心价值观于多样化教学中，引人入胜、润物无声地实现教学与育人目标。

第七章　工匠精神培育背景下高校思政课程
创新的考核评价

　　2019年3月，习近平总书记在学校思想政治理论课教师座谈会上强调："思政课是落实立德树人根本任务的关键课程。"2021年11月，为进一步加强高校思政课建设，教育部修订了《高等学校思想政治理论课建设标准（2021年本）》，明确了高校思政课建设的发展方向和目标任务。除了强化组织领导、优化师资队伍、完善课程体系、加强学科建设，高校思政课建设还要用好教学评价"指挥棒"，从健全课程质量评价、重构教师教学评价、改革学生学业评价等方面发力，不断提升思政课的教学质量和成效，真正把思政课建成高校立德树人和大学生思想政治工作的"第一课堂"。

第一节　高校思政课教学考核评价的作用及维度

一、高校思政课教学考核评价的重要作用

　　教学评价在高校思想政治理论课中起着重要的作用，它不仅是对学生学习成果的总结和反馈，也是推动教学改革和提高教学质量的有效手段。

　　首先，教学评价可以促进学生的学习动力和积极性。通过对学生学习情况的评价，可以让学生清楚地了解自己的学习水平和不足之处，激发他们对知识的渴望和追求。良好的评价反馈可以增强学生的自信心，

激发他们的学习动力，促使他们更加主动地参与到学习中来。

其次，教学评价可以提供教学改进的参考依据。通过评价过程，教师可以了解学生的学习情况和存在的问题，及时调整教学策略和方法，以提高教学效果。评价结果可以帮助教师发现自身的不足，促进其教学水平的不断提高。同时，评价还可以为教学改革提供依据，为优化课程设置和教学内容提供参考意见。

再次，教学评价有助于培养学生的综合能力。高校思想政治理论课注重培养学生的思辨能力、创新能力和实践能力，而教学评价可以从多个角度和层面对学生进行评估，包括知识掌握与运用、思维能力与创新能力、实践能力与社会责任等方面。通过评价过程，学生可以了解自己在不同方面的优势和不足，有针对性地提升自己的综合能力。

最后，教学评价还有助于提高教学质量和促进教育公平。通过评价可以客观地评估学生的学习成绩和能力水平，为学校和教师提供有效的参考依据，以便对教学进行调整和改进。"评价的公正性和准确性有助于保证教育的公平性，让每个学生都能够在公平的环境中接受评价，实现个体差异的合理化"[1]。

二、高校思政课教学考核评价的四个维度

（一）方向维度

高校思政课教学考核评价的方向维度，是指把是否坚持用马克思主义指导思想政治理论课的教育教学，是否坚持对学生进行系统的马克思主义理论教育，是否坚持引导和帮助大学生树立马克思主义的世界观、人生观和价值观，作为评价高校思想政治理论课教学质量高低的首要标尺。

把方向维度作为高校思政课教学考核评价的首要维度，是由高校思想政治理论课的性质和任务决定的。思想政治理论课是大学生的必修课，是帮助大学生树立正确的世界观、人生观、价值观的重要途径，体现了

---

[1] 肖珊珊.基于教学评价体系的高校思政课教学问题及改善对策[J].科教导刊（下旬），2018（33）：85-86.

社会主义大学的本质要求。马克思主义是我们立党立国的根本指导思想，是全党全国人民团结奋斗的共同思想基础。高等学校思想政治理论课承担着对大学生进行系统的马克思主义理论教育的任务，是对大学生进行思想政治教育的主渠道。可见，思想政治理论课教育教学是否坚持方向维度，涉及课程质量的核心要素，决定着高等教育培养出来的中国特色社会主义事业所需人才是否"合格"和"可靠"，关系着中国特色社会主义事业的兴旺发达、后继有人。

目前，绝大部分思想政治理论课教师都能坚持以马克思主义为指导和主要内容开展思想政治理论课的教育教学。但也应该看到，仍有少数思想政治理论课教师在思想政治理论课教育教学中自觉或不自觉地弱化甚至偏离了马克思主义立场。比如，有的教师以所谓"贴近生活"为由，浓墨重彩地谈马克思主义基本理论之外的逸闻趣事、历史掌故等；有的教师以"价值中立"的态度来对待思想政治理论课的教学内容，有意无意地淡化或弱化课程的意识形态功能等。这样的思想政治理论课，即使有较高的"出勤率"和"抬头率"，有"笑声"和"掌声"，也绝非合格的思想政治理论课。因此，"方向维度应当成为衡量思想政治理论课教学质量高低的根本维度"①。

（二）理论维度

高校思政课教学考核评价的理论维度，是指把注不注重、善不善于向学生讲授马克思主义理论和学生能否正确接受、认同马克思主义理论作为评价高校思想政治理论课教学质量高低的重要标尺。

把理论维度作为评价高校思想政治理论课教育教学的重要维度，这既是高校思想政治理论课担当的使命所决定的，也是由人的品德形成发展规律决定的。"马克思主义理论是根植于实践又被实践证明了的关于自然、社会和思维发展普遍规律的真理性认识成果"②，其虽然具有无可辩

① 白双翎.高校思政课教学评价指标体系构建研究[J].现代教育管理，2021（09）：49-55.

② 包立峰.高校思想政治理论课教学质量评价体系建构初探[J].思想政治课研究，2018（02）：39-43.

驳的科学真理性，但马克思主义理论不会无师自通，人们只有在对马克思主义理论知识有基本的了解和掌握后，循着知、情、意、信、行的辩证发展和转化，才能运用马克思主义的立场、观点和方法分析和解决实际问题。

高校思想政治理论课是青年大学生们学习、了解、认同马克思主义的主渠道。目前高校开设的思想政治理论课，均承担着不同的马克思主义理论教育任务。其中，"马克思主义基本原理概论"主要是通过对学生讲授马克思主义基本原理，使学生从整体上准确理解和把握马克思主义的科学内涵和精神实质，并在此基础上能够运用马克思主义的立场、观点和方法分析和解决实际问题。"毛泽东思想和中国特色社会主义理论体系概论"主要是向学生讲授马克思主义中国化的理论成果，使学生充分认识到中国特色社会主义道路的正确性、中国特色社会主义理论体系的科学性、中国特色社会主义制度的优越性，进一步增强其道路自信、理论自信和制度自信。"中国近现代史纲要"通过向学生开展中国革命、建设和改革开放的历史教育，帮助大学生了解国史国情，使学生对近现代以来中国在抵御外来侵略、争取民族独立、推翻反动统治、实现人民解放和富裕的过程中选择了马克思主义、选择了中国共产党、选择了社会主义道路、选择了改革开放的正确性和历史必然性有更深刻的领会。"思想道德与法治"则是通过对学生开展社会主义道德观教育和法制观教育，使其能用所学知识和理论分析和把握当代中国社会和自己的人生问题，成为具有良好道德品质和守（护）法的合格公民。通过用上述马克思主义基本原理，到马克思主义在中国革命、建设和改革中的运用和发展，再到运用马克思主义基本原理和中国化马克思主义指导大学生成长成才这样的一个课程体系对学生进行马克思主义理论教育，才能使广大学生从整体上准确理解和把握马克思主义理论，掌握马克思主义的立场、观点和方法，并自觉将其作为行动的指南。由于必要的马克思主义理论知识是信仰和践行马克思主义的前提和基础，因此，应把注不注重、善不善于向学生讲授马克思主义理论作为评价高校思想政治理论课教学质量高低的重要维度。

在现实的思想政治理论课教育教学中，有的教师对于思想政治理论课的理论性存在认识上的偏差，认为理论具有抽象性、概括性，讲理论必然会导致课堂死板，提高思想政治理论课的教学质量只能在教学方法和手段上下功夫。其实，教学内容和教学手段、方法的关系应当是内容和形式辩证统一的关系，内容决定形式，形式服务于内容。教学手段方法的改革和运用，其最终目的都是为了使学生更好地把教学内容内化为自己意识体系的有机组成部分，并用于指导实践。如果忽略教学内容理论逻辑的力量和学术价值的魅力，不关注和研究马克思主义的重大理论问题、青年学生普遍关心的社会现实问题、大学生的思想状况以及人的思想品德发展规律，也鲜有针对学生的思想问题和重大现实问题进行必要的理论探究，那么，这种缺乏学术支撑和理论联系实际的空洞说教，自然难以打动、说服学生。因此，理论维度应当作为评价思想政治理论课教学质量的重要维度。

（三）转化维度

高校思政课教学考核评价的转化维度，是指把大学生有没有以及在多大程度上把思想政治理论课的教学内容转化为其意识体系的一个组成部分，并外化为相应的行为和持续行为习惯，作为评价思想政治理论课教学质量高低的重要标尺。

把转化维度作为评价高校思想政治理论课教学质量高低的一个重要维度，是由思想政治理论课的特质和马克思主义理论品性决定的。思想政治理论课的教学内容具有鲜明的意识形态性，其教学任务是让学生通过学习马克思主义理论、伦理道德规范和国情、国史，树立起马克思主义信仰、共产主义信念，并学以致用、身体力行。此外，思想政治理论课担负的一个重要任务就是要以马克思主义武装大学生，而马克思主义的根本特性就是实践性。因此，在评价思想政治理论课教学质量的时候，应当分析大学生运用马克思主义的原理与方法去正确观察、理解、评判历史与现实的程度以及大学生的行为表现与之契合的状况。

目前，对思想政治理论课教学质量作出鉴定评价通常是在学期末通过对学生进行成绩考核的形式进行。这种重知识掌握程度而轻知识转化为行为的考核，难以反映出思想政治理论课教学质量的全貌，毕竟学生的情感、意志、精神与人格的发展等是难以用考试成绩来测评的。在思想政治理论课教学质量评价研究和改革中，既要注重以学生对马克思主义理论知识掌握程度为标准，更要以学生是否将马克思主义理论所承载的政治性、人文性、价值性的内容落实在日常生活、学习和工作中，作为评价思想政治理论课教学质量的标准。这样，才能促使思想政治理论课相关管理部门、高校和思想政治理论课教师，对影响学生内化、外化教学内容有哪些因素，各因素分别对学生内化、外化教学内容有什么样的影响，以及影响的程度作深入的分析和研究，并在此基础上提出促进学生内化、外化教学内容的举措，从而真正实现"以评促改、以评促建、以评促管、评建结合、重在建设"的评价目标。因此，转化维度应当成为衡量思想政治理论课教学质量高低的又一重要标尺。

（四）服务维度

高校思政课教学考核评价的服务维度，是指把是否坚持解决大学生思想问题与解决实际问题相结合、服务大学生同教育引导大学生相结合以及满足大学生需求同提高其素养相结合，作为评价思想政治理论课教学质量的重要标尺。

把服务维度作为评价思想政治理论课教学质量的维度，既是贯彻落实"以人为本，科学发展"教育理念的具体体现，也是对心理学基本原理的遵循。心理学的研究表明，当需要产生时，就会形成一种内在的驱力，推动人们去满足这种需要，这种内驱力就是动机。动机是由需要转化而来的，没有需要就难以产生动机，没有动机也就没有行动的主动性。大学生认同思想政治理论课教师开展的教育教学活动也是如此。只有大学生认为思想政治理论课教师开展的教育教学活动能满足或至少有满足其需要的可能性时，大学生才能把思想政治理论课的教学内容内化为其精神文化的有机组成部分，并通过合适的行为方式外化出来。思想政治理论课说到底是做人的工作，人是思想政治理论课的中心和根本。因此，在思想政治理论课教育教学活动中贯彻落实"以人为本，科学发展"教育理念，就是要在满足学生合理需要、服务学生中进行思想教育。

随着社会转型发展和高等教育改革的深入，当代大学生的需求结构正发生着显著变化，自我价值实现需求、自我发展需求、学习技能需求、求职技能需求等是当代大学生在学习、生活和实践中表现出来的强烈需求。思想政治理论课教师应深入到学生中，全面深入了解大学生思想困惑和实际需求，在教学中针对其疑惑所在、情感所需、利益所求和关注的兴奋点，采取大学生喜闻乐见的形式，运用生动活泼、朴实亲切、旁征博引、通俗易懂、情理交融而又深入浅出贴近大学生实际的语言，把学生关心和疑虑的问题讲明白、讲透彻，同时指导、帮助大学生处理好成长过程中学习成才、择业交友、健康生活等方面的具体问题。这样，既讲道理又办实事，既以理服人又以情感人，学生才能真学、真懂、真信、真用思想政治理论课的教学内容。

目前，有的思想政治理论课教师没有认识到解决学生实际问题之于解决学生思想问题的促进、推动作用。在教育教学活动中，没有将解决学生思想问题和解决学生实际问题很好融合起来，没有把服务学生和教育引导学生很好结合起来，不注重、不善于解决大学生在学习和生活中产生的困惑和问题，致使思想政治理论课应有功能未能充分发挥出来。因此，服务维度应成为考察思想政治理论课教学质量的重要维度。

评价高校思想政治理论课教育教学质量，不能仅依凭其中某一或某几个维度，而应综合运用方向维度、理论维度、转化维度和服务维度。唯有共同关照和整体兼顾上述四个维度，才能对高校思想政治理论课教育教学质量作出客观、公正、科学的评价，进而促进高校思想政治理论课教育教学水平的不断提高和可持续发展。

第二节　当前高校思政课程考核模式存在的问题

一、高校思政课课堂教学考核评价的不足之处

课堂教学考核评价是以一定的科学依据，按照一定的价值标准，运用特定的方法、手段，对课堂教学所涉及的各个要素，以及教学活动发展变化、教学效果呈现进行判断的过程。课堂教学考核评价对于设计教

学活动、改进教学内容、提升课堂教学质量、促进教师和学生发展、推动教育评价改革具有十分重要的意义。进入 21 世纪以来，中宣部、教育部对思政课建设提出了新的要求，出台了一系列指导性意见，思政课教学改革也随之不断推进，课堂教学考核评价体系得以持续完善。但是，由于课堂教学考核评价是一项综合、系统、复杂的工作，就教育教学现状来看，仍然存在诸多问题，而这些问题在高校思想政治理论课教学实践中显得尤为突出。对高校思政课课堂教学考核评价存在的不足进行分析，对症下药，探究应对策略，对进一步改进高校思政课教学、推进课程改革、促进师德师风建设具有积极意义。

（一）评价体系缺乏针对性

与自然科学课程和社会科学课程有所不同，思政课在承担着传播相关理论知识任务的同时，更在于帮助学生树立正确的世界观、人生观和价值观，实现对学生思想的启迪与价值引领。启迪和引领是一个比较难以衡量和描述的产出，这就决定了思政课课堂教学考核评价具有一定的特殊性，与一般意义上其他课程的课堂教学考核评价有所不同。但就目前来看，部分高校对思政课课堂教学考核评价的重要性和科学性认识不足，在进行考核评价时，为减少工作量或便于统一开展工作，只是机械套用其他专业课或基础课的评价体系，或者只选取部分评价指标，进行简单、片面的评定。这样的做法虽然便于操作，但忽略了思政课的特性，缺乏学科针对性，使得学校思政课课堂教学考核评价工作的科学性和权威性大打折扣。

（二）评价方式缺乏多样性

课堂教学考核评价通常采用两种方式进行：一是同行教师及教学督导进入课堂听课，通过填写学校统一的课堂教学考核评价表对教师进行评价；二是学生通过评教的方式来对任课教师的课堂教学进行评定，评价内容包括教学目标、教学内容、教学手段、教学方法、教学效果等多个方面，评价结果也多以看得见、可比较的量化形式呈现。这两种方式操作较为简单，但评价效果不够理想，有时会受到很多因素的干扰。例如，同行教师在课堂听课评价时往往会受到人情因素的影响；学生在评教时可能会考虑到任课教师对其课程学业考试评定成绩，往往会给任课教师打出较高的分数。因此，这两种方式具有一定局限性，难以全面反映思政课课堂教学的真实情况。

（三）评价反馈缺乏及时性

课堂教学评价主要是以静态评价、事后评价为主，大多是在教学活动开展一段时间后，以期中、期末甚至仅以期末为时间节点进行，对教师教学缺少实时的、连贯的、综合性的评价。由于教学评价反馈不及时，缺乏有效性，使其对整个教学活动的促进作用十分有限，"难以为诊断教学问题、进行教学干预提供有效的参考信息"[1]，使教学评价的反馈功能难以发挥应有作用，不利于督促、激励教师的成长和课堂教学质量的提升。如果这一现状得不到及时改变，思政课教学改革只能成为无源之水、无本之木，无法得到实质性的发展和进步。

（四）评价结果缺乏权威性

近年来，随着教育教学改革重心、评价范式逐步从"供给者本位"向"需求者本位"转移，学生在教学中的主体地位日渐得到体现和重视，在思政课课堂教学考核评价过程中学生也逐渐被放在一个重要位置。但由于学生对思政课课程意义认识不足，加之其自身知识水平有限，对教师教学过程中所涉及的教学设计、教学目标、教学理念和教学方法等方面的认知存在一定偏差，难以对课堂教学过程和效果进行客观评价；或者学生往往只从自己的角度审视课堂教学，会根据个人对课程的喜爱程度、对教师教学的配合程度，甚至是对教师的亲近程度而对教师进行不客观的评价。学生对思政课课堂教学考核评价缺乏客观性、准确性，导致评价结果权威性不足。过多地依赖学生评教，既不利于思政课教学改革，也不利于教师个人发展和提高。

---

① 陈鹤松，陈典．高校思政课程"一课三融"教学模式构建的探索[J]．高教论坛，2020（10）：34-36+100．

（五）评价结果缺乏指导性

课堂教学考核评价具有引导、激励作用。但是现阶段大多数教学督导、同行教师听课后与任课教师缺少交流、探讨，仅仅是提交课堂教学评价量表到教务管理部门应付交差，评价内容浮于表面，没有对课堂教学效果和存在问题进行实质性、较深入的评价和指导。最终的综合评价结果往往只是以分数的形式进行比较简单、直观的反馈，使得教师很难通过评价结果提取教学存在的问题进行自我反思和改进，课堂教学考核评价的激励作用在很大程度上受到限制。有时评价结果只作为档案留存，根本没有在教师业绩评定中发挥实际作用。

二、高校思政课教师考核评价的不足之处

教育本位价值的现实缺失是教师教学评价彰显工匠精神的主要原因。高校经过 10 多年追时间、抢速度、搭架子铺摊子占地盘的外延式发展后，教学硬件设施得到显著改善的同时，教育本位问题的缺失越来越被众多的人所诟病。然而，特定阶段的规模化扩张完成后，高校没有对教育的育人本位问题进行及时有效的修补，相反，行业间、地域间相互攀比、盲目求高、你追我赶的态势愈演愈烈。

作为促进教育回归本位重要抓手的教师教学评价，无疑是引导教师行为的风向标。然而，在"短平快"急功近利的浮躁态势下，评价制度不完善、育人评价内容缺失、评价指标偏离实际、评价体系不成熟等出现一系列新的矛盾：重科研轻教学，教学质量评价与教学评价脱离，以论文数量、期刊级别、课题数量和经费额度、上课学时数等日益强化的重数量轻质量的考核所带来的负面作用倍受质疑。这种质疑包括教育教学质量下降、教师创造性成果减少、教师疲于应付考核、重科研轻教育教学与办学定位和人才培养模式脱离、教师与学校管理部门产生情绪对立等愈演愈烈。在这种背景下，高校教师的育人工作重心偏移，教师的价值取向扭曲，大学的功能弱化，过于关注现实功利，牺牲大学真正的本位价值。因此，彰显工匠精神，充分利用教学评价的导向作用，构建

接地气的教学评价体系，使高校重回育人的初心与本位，是教师教学评价现实中的必然。

三、高校思政课实践教学考核评价的不足之处

从当前情况来看，大多数高校的思想政治理论课实践教学环节还处于起步阶段，评价目标缺乏明确性、评价主体缺乏多元性、评价方法缺乏多样性、评价内容缺乏系统性、评价指标缺乏科学性、评价结果缺乏权威性等问题，具体表现如下：

（一）考核评价主体单一

教师是思想政治理论课实践教学的组织和引导者，学生是参与实践教学活动的主体，因而学生也理应是参与评价的主体之一。但长期以来，在思想政治理论课实践教学的评价主体方面，主要是教师评价学生，学生只能被动地单方面接受教师给予的考评结果，很少有学生能够参与对教师实践教学的考评。学校教学管理部门、实践教学基地、相关社会组织及学生家长几乎很少参与对实践教学中教师和学生评价。

（二）考核评价方法不科学

对任何事物的考核评价，都需要有完善的标准和科学的方法，但目前许多高校思想政治理论课实践教学的评价方法过于简单或形式化。对学生实践教学成绩的评价，一般只采用终结定性评价，即教师根据学生上交的实践报告、实践作业进行主观上的综合评价，忽视了学生实践过程中表现出的行为能力和情感体验。显然这种评价方式不足以全面反映学生的学习状况，难以成为判断学生实践收获的依据，不利于调动学生学习的积极性和主动性。对教师实践教学效果的评价，多数只看教师是否完成了实践教学规定的学时数，而对实践教学的过程、教师教学态度、教学内容、教学方法及教学效果等基本上不进行评价。

（三）考核评价内容不全面

思想政治理论课实践教学的考核评价内容应包含学生的学和教师的教两个方面。就学生的学而言，应包含知识、能力、情感、素质四项内容，但现行的教学评价偏重于对学生理论知识的考核，从期末总评占比来看，大部分高校仍然以期末考核为主，过程化考核权重偏低，不能全面客观地反映大学生的理论素养和道德品质。过程考核权重的偏低，一定程度上会降低学生主动参与学习过程的积极性和主动性，也同时会压缩过程考核内容和形式的空间，减少学生提升政治、学习、实践和心理等素质与能力的机会。当前大部分高校的思政课考核总评成绩由平时成绩和期末考试成绩两部分组成，平时成绩的比例为30%～50%不等，期末考核则占到50%～70%，平时成绩占比较低，且平时成绩的主要依据是学生的课堂表现和课后作业，并没有把学生在课堂以外的日常行为表现纳入考查范围，这样就不能全面真实地反映大学生的思想状况以及在学习生活实践中的表现。事实上，传统的一纸试卷也很难让教师考核出学生的思想感情、道德水平、政治态度和人生观价值观。忽视了对学生行为、能力的培养和情感、素质的提升。就教师的教而言，评价应包含实践教学主题的选择是否合理、目标是否明确、设计是否科学、组织是否得力等等，但实际上绝大多数高校只在评价学生的学，基本没有对教师的教开展评价。

（四）考核评价标准模糊

制定科学合理、便于操作的考核评价标准是完成思想政治理论课实践教学考核评价必不可少的环节。目前，高校一般对思想政治理论课理论教学都制定了严格的评价标准，但对实践教学评价标准的制定却有所忽视。有些学校虽然制定了实践教学的评价标准，但有的采用人文式评价方法，只有一些比较简单模糊的质性要求，并没有具体科学的量化标准，过于粗疏；有的则按照理工科实验的要求制定评价标准，过于严格、死板，难以操作，不能体现思想政治理论课实践教学本身的特点，不能得出准确客观的考核评价结果。这种评价结果具有很大的片面性和主观性，不利于实践教学的持续健康开展，也不利于学生的发展。

第三节　工匠精神培育背景下高校思政
课程创新评价体系路径

一、高校思政课程创新评价体系的原则

作为有效检验教师教学成效并提出建议的一种方式，教学评价发挥着重要作用。高校如果能构建起切实可行的思政课教学评价体系，则能够进一步推动实施课程思政的制度建设与标准制定，确保在实现教书育人功能的同时，做到对学生的价值引领。值得注意的是，在构建教学评价体系时，应当遵循以下几个原则。

第一，注重质性评价。课程思政作为不同于其他课程的隐性教育，其中包含价值引领、情感表达和精神提升等内容，而这些内容的教学效果很难以量化的形式用指标加以呈现。因此，除了将课程思政教学中适用于量化指标的内容选取合适的指标加以评价外，在思想、价值引领等方面，需要采用质性评价的方法，例如观察、记录等等，通过长期记录等形式，以文字、图片或视频加以展示，以实现评价课程思政教学成果的目的。但是，质性评价的使用容易受到主观因素的影响，其信度和效度难免存在失真的问题。

第二，注重多元评价。当前，随着互联网信息技术的不断发展，新媒体的应用大大增加，高校中的教学方式和模式也随之产生多元化的特点。例如，教师不仅可以在课堂内向学生传递知识，同时课余时间也可以加以利用；课程的开设不仅仅局限于线下，在受到时空限制的情况下，线上课程也十分受师生的欢迎。因此，对于专业教师而言，可以进一步拓宽教学思路，让课程思政悄无声息地融入教学的各个环节，从而确保本课程所讲述的知识与目前社会主流价值观相对应，不仅让学生学习到理论，同时让其感受到情怀。与此同时，课程思政教学评价体系也应当

以多元化的形式呈现。举例而言，在开展小组专题讨论时，成员可以以PPT的形式，对本小组的研究成果加以论述，通过学生之间的互评、学生对自己的自评以及教师对学生的总评，从而全面地评价学生的团队协作、综合表达和创新能力。

第三，注重发展的原则。众所周知，之所以开展课程思政，其目的在于育人。由此可见，评判课程思政是否具有成效，其中最为重要的标准即为人才培养效果。从教育的各个阶段可以看出，做好教育工作是一个极其漫长的过程，教师与学生之间也并非单向的教育，而是彼此之间的影响、塑造和成就。在其中，教师也获得了成长，随着时间的延长和阅历的增加，不断提升着自身的知识储备、教学能力，改善着自己的教学方法。由此可见，"在设置课程思政教学评价指标时，应当注重其指标选择的发展性"①。需要确保专业课教学的目标设置、方法选择、课程实施和效果评价中皆能体现课程思政的内涵。因此，如果能从发展的角度对教师开展课程思政的效果加以评价，则能够推动教师在该方面的创新。

二、高校思政课课堂教学考核评价改进策略

（一）完善课程考核评价体系

考评体系能够以较为直观的量化标准和要求直接反映出学生学习成效。因此，要统筹考虑主客观方面因素，建立一个较为完善的融入传统文化因素的多维课程考评体系。第一，建立"多维一体"学生考核评价模式。虽然闭卷统一考试是主要考核形式，但也要融入具有个性化的开放的考核。学生考核评价与"课赛融合"教学直接相关。"比赛式"教学手段为学生考核依据增添新的内容。学生最终考核成绩在原有教师评价和期末考核基础上，引入学生自评互评以及专业性比赛结果。学生自评互评是学生之间对彼此一学期课程表现按照打分标准给予评分。专业性

① 夏君. "四个自信"背景下高校思政课教学评价指标体系建设研究[J]. 现代职业教育，2022（12）：172-174.

比赛纳入教学实施过程中，比赛考核依据统一的考核标准，教师打分加学生打分最后得出均分，整个考核体系充分体现公平性、公正性、科学性、实效性。第二，加大工匠精神考核比重。为了加大工匠精神在思政课教学中的融入力度，要加大对工匠精神的考核比重，关注学生在课堂上呈现出的关注工匠文化意识、运用能力、文化情感等。一是在考核评价内容的选择上，要在考核学生对教材理论知识点掌握程度的基础上，适当增加有关工匠精神等方面的内容。二是注重对学生思政课学习过程的考核，增加有关工匠精神的阶段测验和实践考核，提升学生对工匠精神相关内容的掌握能力和运用能力。三是在评价方式上，教师还可以结合思政课程与工匠精神教育的现实需要，灵活运用学生自我评价、相互评价、问卷星反馈、在线测试等多元化的评价手段，将学生的学习态度、学习情感、文化自觉、文化自信等方面的素质进行全方位考核，这样更能保障课程教学考核评价的客观性和全面性，促进学生综合素质的协同发展。

（二）丰富评价主体，优化评价方式

目前对教师课堂教学考核评价的主要方式是教学督导和同行教师听评课。相对于数量众多的学校教师，教学督导人员配置比例较小，很难经常性地参与某个教师的听评课，同行教师也受到时间、精力限制，难以在繁重的教学、科研压力之余多次参加听评课，因此优化评价主体和评价方式显得尤为重要。

此外，还要不断探索、创新新一代信息技术与课堂教学评价的科学有效融合，使思政课课堂教学考核评价更具有多元化和可操作性，使考核评价结果更加客观化、更具指导性。

（三）及时评价反馈，强化评价指导

教学督导和同行教师在听课后，应当与任课教师及时进行交流和反馈，或定期组织教学研讨会，通过评课活动，有针对性、有目的地帮助教师进行科学诊断，分析其教学中存在的不足，帮助教师找出持续改进教学方法、提升教学效果的有效路径；对其课堂教学中呈现出的闪光点和优秀做法，要适时进行强化或在全校范围内推广，进一步帮助教师全面发展，提升学校教育教学质量。教师则要将评价反馈信息进行自我消化后付诸实践，在课堂教学整改调整中，要基于自身真实反思体验进行再尝试、再调整，在不断尝试、调整与优化过程中形成符合个人需求的教学评价提升策略。学校可将对教师的最终评价结果应用到选人育人用人的工作中，对考核评价结果优秀的教师，在选拔任用、绩效考核等方面予以倾斜。

（四）强化学生在课堂教学考核评价中的地位

评教前期工作中，应当通过多种方式事先向学生进行详尽培训、解读，使学生对评教内容、评教标准，以及学生评教的重要性和长远意义有深入的认识，鼓励、引导学生规范、诚信、客观、公正地参与评教。只有作为学习主体的学生角色定位正确、态度严谨认真，其所作出的教学评价才能够拿来用作对授课教师的评价标准之一；也只有权威有效的评价结果才能更好地促使教师发现教学工作中存在的问题，激发教师参与教学活动、改进教学方法、创新教学理念的积极性和创造性，为其教学能力提升提供稳定动力，持续有效地推进思政课教学改革。作为高校宣传思想工作和学生思想政治教育的主渠道，以及学校意识形态工作的重中之重，思政课承担着立德树人的重要使命。如何以思政课程教学为引领，培养德、智、体、美、劳全面发展，具有良好思想道德素质和职业素养的技能人才？这不仅对思政课教师提出了更高要求，也对课堂教学和课堂教学考核评价的有效开展带来了全新考验。只有不断开展高校思政课课堂教学评价研究与实践，丰富、充实相关理论知识，探索构建科学合理的思政课课堂教学考核评价体系，充分发挥课堂教学考核评价诊断、导向、激励、调控等重要功能，才能有效激发高校思政课教师参与课堂教学研究和教学改革的信心，提高思政课教师专业素质，促进思政课教师专业发展，为持续改善思政课教学质量提供源源不断的动力支持。

三、创新思政课教师考核评价机制

（一）重塑教学评价价值理念，使高校回归教育的初心和本位

教师不仅是传道授业解惑的师者，而且是思想信念的融入和浸润者，更是研究者。从师者的角度说，学生犹如教师手中未经打磨过的产品，如何将产品在自己的双手中打磨成精致的产品和艺术品，这一打磨的过程不仅仅是简单的传道授业解惑，更是饱含教师育人情怀的过程；从思想信念的融入和浸润者角度来说，培养学生高尚的道德情操、扎实敬业的工作态度、追求至真至善至美的精神理念更是一个漫长而潜移默化的过程，这既是培养知识、铸就学生品质的过程，又是教师职业获得发展的过程；教师作为专业技术型岗位最显著的一个职业特点是教师还是研究者，研究者的角色决定了教师必须具有耐得住寂寞、沉得下心来进行长期研究的可贵品质。然而，时间就是效率，在追求速度、追求数量、追求规模的教育异化管理体制下，还有多少教师能够坚守教育的初心和本位呢？因此，教师教学评价首先要树立"育人"的价值理念。

（二）重构教学评价内容体系，将"育人"纳入教学评价范畴

"育人"是教育的本位，培育人的内在性情和修养、完善其人格和品质、铸就其心性并匠心于自己的职业是教育的根本。只有将人作为活生生的、有灵魂的"人"而非商品，教育才会重拾本有的尊严，才会激发人们受教育的激情，才会体现教育的本位价值。然而，在功利主义短视行为的风气下，高校未曾幸免，教育的格局气象日显狭隘逼仄，心态日显浮躁，各种行政手段下难治标更不治本的规制钳制教师的职业专注，教育的本质日渐偏离，教师无奈日益增多，教育的短视行为已使教育付出高昂的代价。因此，使教育回归"育人"的本位，要充分运用好教学评价这个风向标的导向作用，其评价内容不能再仅仅是教学和科研，而是注入"育人"的内容，将"育人"纳入教学评价体系，并加大其指标

的权重分布力度，以引领高校"育人"价值本位的回归。

（三）改变重科研轻育人的评价导向，使高校回归"育人"本位

教学评价是引导教师行为的风向标，有什么样的教学评价体系，在一定程度上决定教师什么样的行为。大学之本在于教育教学，在于培养人才，然而重科研轻育人在高校是不争的事实，与科研相比，教书育人处于弱势地位。过度以科研为主要考核内容和指标，以及大量的资源和经费集中于科研，造成教育教学再优秀也没用的"无用主义"，在这种"无用主义"思想的侵袭下，大量的教师无心从事一线教学。因此，教师教学评价要从评价的指标、内容和经费的保障上着手，形成重教育教学的评价导向，引导高校回归"育人"的本位。

（四）制定立足实际的评价标准，使教师匠心于教育教学与研究

在社会浮躁心态的影响下，行业与行业间不断相互攀比产生"引导效应"，在高校教师教学评价中表现为，同类型同地域的高校中，你定的评价标准高，我比你更高，唯有如此方能彰显我更强，最后形成你追我赶的态势，评价标准越来越偏离实际。落实在具体的教学评价中是不顾学校实际，将教学工作量和科研工作量拔得虚高，大量一线教师苦不堪言，为完成工作量不得不疲于奔命。因此，教师教学评价必须消除攀比顽疾，根据学校的实际情况科学核算评价标准，并进行动态调整，使教师从容地匠心于教学与研究。

（五）弱化教学绩效量的考核方式，注重质的考核

好的行为导向通常会有好的结果，不好的行为导向往往难以带来好的行为结果，以课时量作为教学绩效考核方式，最终导致更多的教师为追求量而忽视质的内在要求。尽管有些教师因为良知和责任感而坚守教育的初心和本位，但是缺乏完善的教学评价体系，绩效考核结果与岗位聘任紧密挂钩的情况下，仅凭责任感和良知又能坚守多久呢？因此，教

师教学绩效的考核要从量的考核转向质的考核，从制度层面保证教育的初心和本位，使教育回归"育人"的本质。

（六）遵循科研生态规律，制定适当的评价周期

教研相长，既不能任意拔高科研的地位，又不能过度拉低科研对于高校育人的价值。科研需要长期的知识沉淀并有大块安静的时间去研究，且需要较长周期才能出成果。一篇论文从选题、构思、写作、成形到编辑部审稿、刊出需要较长的周期，一个课题从撰写、申报、立项、研究、结题、出成果则更是一个漫长的过程，这是科研的生态规律，任何急功近利的浮躁都将破坏这种规律异化科研的价值，然而现实是一年一周期，两年一周期、三年一周期，十年磨一剑，变成年年交"匕首"。急功近利的行为如拔苗助长，不仅加重教师的压力，出现浮躁的科研心态，导致科研产出"贬值"，更使教师无暇顾及教学，更难以谈及育人。因此，教学评价必须改变浮躁的科研心态，遵循科研规律，制定适当的考核周期，使教师从容研究。

彰显工匠精神，厚植工匠文化、培育匠心型人才的关键是培育人的灵魂、品质和心性，教学评价是引领行为的风向标，要充分运用好这个风向标的导向作用引领教育回归"育人"的初心与本位，是高校实现本位价值的要求，也是有效回应经济社会发展的现实必然。

（七）建立健全思政课质量评价体系和激励机制

人才培养成效是思政课建设评价的核心指标。《高等学校课程思政建设指导纲要》指出，"要建立健全多维度的课程思政建设成效考核评价体系和监督检查机制，在各类考核评估评价工作和深化高校教育教学改革中落细落实"。高校要通过对课堂教学的科学评价激发任课教师立德树人的积极性和创造性。要合理规划思想政治评价与业务评价的占比，将以往过于偏重业务评价转变为业务评价与思想政治评价并重，明确将育人要求纳入评价体系，并加大权重，促进教师把教书与育人的要求内化于心、外化于行，转化成自觉行动，勇于担当责任。

思政课建设的基础在课程，根本在思政，重点在课堂，关键在教师，

成效在学生。如果没有好的课程建设，思政课就成为无源之水、无本之木；如果离开了课堂，思政课将会失去载体；如果忽视了思政元素，思政教学就会失去灵魂、迷失方向；如果没有充分激发教师的积极性和主动性，教书育人的主体作用将无从发挥；如果不关注学生的体验和感受，思政课就会被虚化，就达不到预期成效。因此，必须有效加强思政课建设，在各门课程教学过程的各个环节整体联动、共同发力，形成全体专业课教师开展课程思政一个都不少、学校开设的所有课程实施思政元素一门都不缺位的"课程思政+思政课程"协同育人大格局。

四、革新高校思政课实践教学考核评价模式

英裔加拿大作家格拉德威尔说，经过一万小时的努力可以是平凡而非凡的。马克·吐温也说过，如果你专注于一项事业，你会对自己所做的事情感到惊讶。因此，在教学中，我们应该把重点放在培养学生做事的习惯上，使学生工匠的勇气逐渐形成。目前，高校学生课程评价以知识能力和经营能力为主，削弱了学生的积极性和创造性。这种评价方法不能反映现代教育的特点，不能满足社会对技术人才的培养要求，有必要进行改革。

（一）构建"一体"评价模式

"一体"评价模式是指由学生在学习思政课之前的自我评价、学前期间的过程性评价和结束时的结果性评价组成的"三位一体"有机统一的思政课考核评价整体。通过该评价体系，可以看到劳动精神、工匠精神、劳模精神在融入思政课培育过程中以及学生在学习过程中的效果体现，科学地呈现出学生学习的进步曲线，从而引导大学生更好地成长成才，促进教师不断改进和完善思政课理论教学和实践教学。其一，学生自我评价。设计学生个人基本信息与自我评价表、闭卷摸底考试、问卷调查三部分内容，让学生对自己理解、掌握思政课理论教学和实践教学内容情况，个人良好品行和习惯养成情况，本人分析问题、解决问题能力情况进行自我预评。其二，教学过程性评价。具体分为设计表现评价、认

知评价和行为评价三个部分，由大学生本人对自身，以及同学和教师对该学生学习思政课过程中的表现、认知和行为进行评价。其三，课程结果性评价。设计理论教学考核评价和实践教学考核评价两个部分，由学生本人对自己以及同学、教师从理论和实践两个维度，对该学生在学习思政课结束时对马克思主义理论的理解掌握情况、良好品行习惯养成情况及运用马克思主义立场观点方法分析问题解决问题的能力提升情况等进行结果性评价。

（二）构建"两翼"评价模块

"两翼"评价模块是指考核评价由理论教学与实践教学考核评价两部分组成。通过该评价模块，促使学生验证思政课理论、形成理论自信，引导学生养成良好的品行，提升分析问题、解决问题的能力，便于将劳动精神、工匠精神、劳模精神的理论用于实践生活之中。其一，理论教学考核评价。对学生理解掌握教学内容的情况进行考核评价，包括理论教学部分的基本概念、基础知识、基本原理，以及学生运用马克思主义立场观点方法分析问题、解决问题的能力等。其二，实践教学考核评价。对实践教学内容进行考核评价，包括学生课堂宣讲案例、问卷调查研究报告等课内和课外、线上线下的实践教学内容。这种评价目的在于考查学生筛选信息能力、团队合作能力、语言文字表达能力、理论联系实际能力、分析解决问题能力和创新能力，从而使学生认识到自己在思政课实践教学方面的优势和劣势及今后努力的方向。

（三）构建"三元"评价主体

"三元"评价主体是考核评价由学生本人、同学和教师三类主体构成，改革单一评价主体的传统评价模式，体现教师与学生"双主体"的考核评价理念，促使学生进行全面、客观、公正的评价。其一，学生自评。学生对自己的学习态度、学习情况、学习方法、学习优势和不足、学习效果等的动态评价。其二，同学互评。由兴趣、特长、爱好相同或相近的6~8名同学组成的学习小组中的任何一名成员，对本学习小组的其他成员的实际表现、长处与不足，以及人际沟通交往能力、团队合作能力、分析解决问题能力等进行动态评价。其三，教师评价。教师对学生在课堂内外、线上线下的学习表现，理解、掌握马克思主义理论的情况，以及运用马克思主义立场观点方法分析问题、解决问题的能力提升情况等进行动态评价。

（四）重视企业评价，创新课程思政评价办法

确保课程思政行稳致远，高校必须将课程思政教学效果融入课程考核中统一进行评价。注重校内课程思政评价。对于基础课、专业课，在平时成绩和期末成绩中，分别设定一定比例的课程思政考核分值，结合学生（学徒）平时上课的表现和期末考试中课程思政内容得分，得出其相应的分数，最终体现在学生（学徒）的学期课程综合总成绩之中。

注重企业课程思政评价。学生（学徒）在第二学年工学交替培养中的企业训练期间和第三学年的企业在岗培养期间，对其所上的企业岗位训练课也进行相应的课程思政考核，主要包括协作精神、纪律观念、工作态度、职业认同等。在学生在企业实习期间，企业要对学生每天的在岗情况作出详细的记录，然后及时反馈给学生所在院校，通过和院校的交流沟通，实现对在岗学生的全面评价，企业要对每个学生的实习状况作出合理公平的评价，对学校提出完善人才培养方案的宝贵的意见。企业提供给学校的这些信息对高校思政教育的改革有很大的帮助。高校实践教学质量的管理监控的核心任务就是及时发现学生存在的学习问题，再由专门的辅导教师去帮助学生分析处理问题，最终使问题得到合理的解决。高校除了参照企业对员工的考核制度之外，院校建立的对学生的考核评价体系也有可以积极采用的方面。同时学校也要"创建一个有利于校企双方交流的平台，这样将会大大促进校企双方取得共同发展，企业要及时把对学生的实习考核报告反馈给高校，院校要认真分析企业反馈的考核信息"①，总而言之，院校和企业要时刻保证一个双向循环的反馈过程。高校实践教学教育质量的提高单靠院校一方或者企业一方的努力是不可能实现的，只有企业参与教学实践课的考核评价，极力配合学

---

① 贾晓琪，闫俊伢.校企协同创新实习实训模式的研究与实践[J].办公自动化，2020，25（08）：35-36+62.

校的培养工作，才能促进双方取得更大的经济效益。

（五）抓好思政课考核评价中的关键载体

优化思政课考核评价模式，应当注重实践环节的学习与拓展，构建实践教学考核平台、"互联网+"评价平台互为补充的考核评价体系。一方面，建立实践教学考核平台。将学生参与实践教学环节纳入考核评价，建立思政课实践教学考核平台，从制度上对实践教学环节进行监督和管理、对学生参与实践教学情况进行综合评价。鼓励学生参与征文微课、社会宣讲、理论小报、情境模拟、主题活动策划、讨论会、研究性成果展示等思政课特色实践活动、主题读书活动、校内外主题教育活动，使课堂学习与实践学习相互协同。在"大思政"格局下，根据实践教学考核标准进行学分认定与评定，将思政课的考核评价方式从单一考试延伸到多元综合评价。一方面，构建"互联网+"评价平台。突破传统线下的考试形式，探索利用网络平台与学习强国、易班、超星等App、新媒体平台辅助思政课教学与考核评价。借助知识竞赛、在线测试、云端测评等形式，运用大数据、云计算、人工智能等方式对学生参与网络平台在线互动学习情况进行统计，实现客观答题考试无纸化的创新，打造多样化的考核评价方式。通过线上线下相结合的方式，快速有效地考查和掌握学生的学习效果，因地制宜、因材施教，不断激发学生对于思政课学习的兴趣。抓好"两大平台"这个关键载体，使思政课考核评价更具实时性与动态性。

附录
校企合作实践教学评价表

学生综合素质评分=企业指导教师考核评分×40%+校内指导教师考核评分×30%+学生考评表×15%+同级评价×15%。

学生考评表（15%）

（1）实训时间、姓名、专业、实习岗位、出勤情况、缺勤情况、迟到情况。

（2）学生每周填写实习心得，将实训中遇到的困难及如何解决项目难题的过程记录下来。

（3）学生自我评价，包括工作态度、礼仪礼貌、工作技能、专业知识、遵守劳动纪律规章制度、工作质量、人际关系及团队精神、实习能力等，逐条进行自我评分，每项分数1~10分，共100分。

企业教师考评鉴定表（40%）

企业教师在实训结束时填写考评鉴定表，本项评分共分5个栏目，每个栏目评分标准为1~20分，满分为100分。如果学生最终得分是满分，需要指导教师填写得分缘由，之后由考核人签字。

（1）包括考核人姓名、部门、职务，考核时间，出勤情况。

（2）对项目的认知程度（1~20分）：①是否了解项目的内容，进行可行性分析情况；②了解项目组的设计分工，了解本人在项目组中的项目内容和工作职责。

（3）组织纪律情况（1~20分）：①严格遵循各项规章制度，确保正常出勤、正常工作；②认真履行在项目组中的职责，对自己的项目分工能够按时、高效完成；③积极参加项目组各种会议及讨论活动，积极提出自己的意见和建议。

（4）工作态度方面（1～20分）：①热爱本职工作、服从项目组工作安排；②在项目设计过程中遇到困难能坚持不懈，发扬工匠精神，能尽最大的能力和工作热情完成项目规定的任务；③能自主学习新知识及编程设计方法，不断提高个人实践能力。

（5）团队精神方面（1～20分）：①在获得新的知识和技能之后，要积极进行分享，帮助项目组中的其他工作人员解决困难；②团队成员需要密切协作，共同完成项目任务；③成员在工作中不仅仅局限于自己的工作，也要积极配合其他成员完成工作。

（6）创新能力（1～20分）：①对自己负责的工作要有独立的看法，在项目工作中要积极发挥自身的能力；②在具体工作中要进行创新，积极采用新的方法，并要取得实际效果；③在进行项目设计工作过程中，要及时采取新的方法，并使团队认可和采用。

校内指导教师评议（30%）

校内指导教师在实训结束时填写考评鉴定表，本项评分共分10个栏目，每个栏目评分标准为1～10分，满分为100分。如全部栏目均为满分，指导教师须填写得分理由，填写完毕后考核人签字。

（1）仪表整洁，穿戴得体，具备良好的职场商务人士的职业形象。

（2）有团队精神，服从领导分配，积极完成本组织共同目标。

（3）工作目标要具有明确性，合理制订工作计划，按照工作计划实现工作目标。

（4）遇到困难，能保持乐观的态度，不患得患失，心态平和，保持最佳工作状态。

（5）有自主学习能力，善于总结，常自勉。

（6）工作积极，保持较高的工作效率，按时保质保量完成工作。

（7）集体荣誉感强烈，积极参与各类活动。

（8）有敬业精神和责任感，积极完成本职工作。

（9）不扰乱他人工作程序，不抢夺他人工作利益。

（10）具有开拓进取精神，在整个团队中更具发展潜质。

同级评议（15%）

同级评议，就是项目组中成员互评，共包括5个评分栏目，每个栏目评分标准为1~20分，满分为100分。

（1）道德品行（1~20分）：①思想道德优秀，有进取心，要求进步，忠于集体利益；②乐于助人，能建立团结和谐融洽的同事关系；③忠于岗位，恪尽职守，工作积极进取；④不扰乱他人工作程序，不抢夺他人工作利益或劳动成果。

（2）工作效率（1~20分）：①工作积极、主动，项目设计工作方法思路清晰、合理；②配合项目成员工作，能按时完成项目任务，准确率高。

（3）协作精神（1~20分）：①能顺利开展项目工作，具有团队协作能力；②乐于助人，配合项目组克服困难，继续往意向发展；③做好自身工作的前提下，对于分外工作能够给予必要的协调和帮助。

（4）责任态度（1~20分）：①积极主动、认真负责对待本职工作，对待团队工作均能全力配合；②对于工作能够全力以赴，持之以恒，具有强烈的责任感。

（5）敬业精神（1~20分）：①勇于开拓进取，勇于承担责任；②不计较个人得失，在工作中乐于吃苦、勇于奉献；③在规定时间内完成必要项目工作，对待工作责任心强。

参考文献

1. 孙晓玲.新时代工匠精神与高职思政课融合研究[M].北京：时事出版社，2021：115-117.

2. 骆郁廷.思想政治教育原理与方法[M].北京：北京师范大学出版社，2020：27-28.

3. 陆文.高职院校思想政治教育中加强工匠精神的理论研究[M].北京：北京工业大学出版社，2016：93.

4. 伊焕斌.工匠精神与人才培养的供给侧结构性改革研究[M].北京：人民出版社，2018：75-76.

5. 闻人军.考工记译注[M].上海：上海古籍出版社，1993：222.

6. 鞠宏一，李文敏.立德树人背景下高校思政课工匠精神培育研究[J].时代人物.2020（9）：82-85.

7. 唐琪瑶.工匠精神融入高校思想政治教育研究[J].现代职业教育，2020（05）：76-77.

8. 陈立平.工匠精神培育视域下的高职思政课改革创新[J].职业技术教育，2017（20）：88-91.

9. 裴喜永，王凯.课程思政如何厚植工匠精神[N].中国教育报，2021（02）.

10. 匡瑛.智能化背景下"工匠精神"的时代意涵与培育路径[J].教育发展研究，2018，38（01）：39-45.

11. 李玉玲，李娟.新时代工匠精神融入高校思想政治理论课教育教学的路径[J].新西部，2020（27）：102-104.

12. 李繁.工匠精神融入职业思想政治课教育的价值与路径探析[J].鄂州大学学报，2019（3）：97-99.

13. 靳诺.新时代高校思政课如何改革创新[N].光明日报，2019（02）.

14. 付卫东，罗舒馨，冯卫国."十四五"期间我国"双师型"教师队伍建设：主要形势与重点任务[J].教师教育论坛，2021（01）：45-47.

15. 龚小涛，等."双高计划"背景下现代学徒制应突出"五位"[J].中国职业技术教育，2019（33）：56-59.

16. 鲁继平. 新时代高职思政课考核评价模式创新探究[J]. 教育与职业，2019（03）：108-112.

17. 梁平，李春. 将工匠精神融入实践教学完善实践教学评价标准[J]. 中国教育技术装备，2017（21）：147-149.

18. 叶贵梅. 中华优秀传统文化融入思政课教学的三重维度[J]. 大众文艺，2023（02）：130-132.

19. 鲁文英. 技工学校思政课课堂教学考核评价问题与改进策略[J]. 课堂实践 2023（05）：132-134.

20. 赖金茂. 高校思政课实践教学考核评价机制探析[J]. 长春理工大学学报，2012（9）：172-173.

21. 郑俊俊. 工匠精神背景下体职院专业教师教学评价素养探究[J]. 冰雪体育创新研究，2021（14）：20-21.

22. 谢俊红. 工匠精神与高校教师绩效评价引领教育本位回归[J]. 教育理论研究，2019（12）：118-119.